三字经说什么

汪孝杰◎编著

煤炭工业出版社
·北京·

图书在版编目（CIP）数据

《三字经》说什么/汪孝杰编著. -- 北京：煤炭工业出版社，2016（2023.6 重印）

ISBN 978-7-5020-5478-6

Ⅰ.①三… Ⅱ.①汪… Ⅲ.①古汉语—启蒙读物 ②《三字经》—研究 Ⅳ.①H194.1

中国版本图书馆 CIP 数据核字（2016）第 201958 号

《三字经》说什么

编　　著　汪孝杰
责任编辑　马明仁
特约编辑　郭浩亮　黄梦梦
特约监制　朱文平
封面设计　金刚创意

出版发行　煤炭工业出版社（北京市朝阳区芍药居 35 号　100029）
电　　话　010-84657898（总编室）
010-64018321（发行部）　010-84657880（读者服务部）
电子信箱　cciph612@126.com
网　　址　www.cciph.com.cn
印　　刷　三河市金泰源印务有限公司
经　　销　全国新华书店

开　　本　710mm×1000mm $^{1}/_{16}$　**印张**　$13^{1}/_{2}$　**字数**　170 千字
版　　次　2016 年 10 月第 1 版　2023 年 6 月第 3 次印刷
社内编号　8341　**定价**　36.00 元

版权所有　违者必究

本书如有缺页、倒页、脱页等质量问题，本社负责调换，电话：010-84657880

前言

《三字经》是中华民族珍贵的文化遗产，成书年代和作者目前难于确定，清代人多认为是宋儒王应麟所作。内容包括中国传统的教育、哲学、历史、天文、地理、伦理和道德以及一些民间传说等。

清朝雍正五年（公元 1727 年），《三字经》被译成俄文，流传到俄国，其译本至今尚存。现在有满文、蒙文、英文、日文、朝鲜文、法文等译本，其影响已波及全球。

古今许多学者对《三字经》产生了浓厚的兴趣，纷纷对它加以增补、注释，如明朝赵南星作《三字经注》、清朝王相作《三字经训诂》、焦轩氏作《广三字经》、贺兴思等人作《三字经注解备要》等。民国年间，经学大师章太炎对《三字经》重新修订增补，写成《重订三字经》。2009 年春节到同年 5 月，中央电视台《百家讲坛》播出了《钱文忠解读〈三字经〉》系列节目。《三字经》在国内也越来越受到人们的重视和青睐。随着传统文化日益被重视，关于《三字经》的著作也日益增多。

《三字经》有多种版本，在几百年的流传过程中也出现了不少修订版，增补、删减了不少内容，例如关于民国的部分历史，以及一些地理知识，等等。笔者比照各个不同版本，选择了比较流行的续补版本作为解读对象。续补版本也有多种，内容不尽相同，笔者也做了一些选择。比如本书中“清

世祖，膺景命”一句，有的版本为“清太祖，膺景命”。笔者之所以选择现在的说法，是因为：清太祖，爱新觉罗·努尔哈赤（1559年—1626年），是“大金”朝（后金）的创建者，在他统治后金十年间，多次发兵与明朝交战，企图统一全国，但他却在一次战役中负伤而死，由他的儿子皇太极继位。由于努尔哈赤是后金的创建者、清朝的主要奠基人，所以其继承人皇太极在改号称帝后追尊其为太祖高皇帝。1636年，皇太极才将国号改为“大清”，但他也没能看到中原的统一。真正入主中原的第一位皇帝是顺治，即清世祖爱新觉罗·福临，他打败了李自成，将都城迁到北京，从此开始统一中原。笔者个人认为这种说法跟后面的文意比较吻合。

《三字经》作为蒙学读物，很多人都认为只是给小孩子识字和背诵用的，其中有一些故事，一般也认为只是对小孩子的礼貌或励志教育，似乎与成人无关。笔者在学习《三字经》的过程中，发现这部不到两千字的经典，不仅对儿童有用，而且对成年人也很有启发。《三字经》中的每一句话，都有着丰富的含义，都可以让人产生很多感悟和联想，它是宋以后士人“读书志在圣贤”的起点，更可作为当代人回归国学和传统文化的纲要。但是稍加调查便不难发现，当今很多人对《三字经》都是熟悉，却不能通透。笔者出于向成年人普及与交流《三字经》的初衷，试图在介绍相关内容的同时，记录一点个人的心得感悟。

书中的感悟部分主要属于笔者个人研读《三字经》和中国传统文化多年的心得体会，有些观点是受到一些大德的启迪所得，有的是自己观察思考所悟，其中或有谬误之处，谨留待读者批评指正。

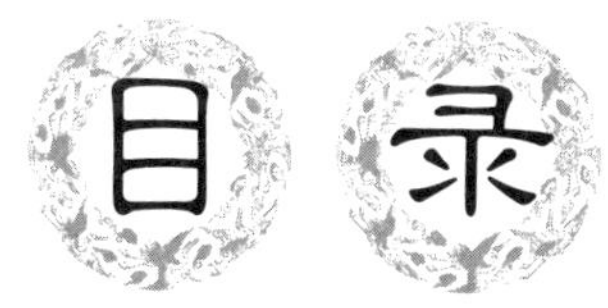

目录

《三字经》原文

人之初，性本善。性相近，习相远。苟不教，性乃迁。教之道，贵以专。
昔孟母，择邻处。子不学，断机杼。窦燕山，有义方。教五子，名俱扬。
养不教，父之过。教不严，师之惰。子不学，非所宜。幼不学，老何为。
玉不琢，不成器。人不学，不知义。为人子，方少时。亲师友，习礼仪。
香九龄，能温席。孝于亲，所当执。融四岁，能让梨。悌于长，宜先知。
首孝悌，次见闻。知某数，识某文。一而十，十而百。百而千，千而万。
三才者，天地人。三光者，日月星。三纲者，君臣义。父子亲，夫妇顺。
曰春夏，曰秋冬。此四时，运不穷。曰南北，曰西东。此四方，应乎中。
曰水火，木金土。此五行，本乎数。十干者，甲至癸。十二支，子至亥。
曰黄道，日所躔。曰赤道，当中权。赤道下，温暖极。我中华，在东北。
寒燠均，霜露改。右高原，左大海。曰江河，曰淮济。此四渎，水之纪。
曰岱华，嵩恒衡。此五岳，山之名。曰士农，曰工商。此四民，国之良。
曰仁义，礼智信。此五常，不容紊。地所生，有草木。此植物，遍水陆。
有虫鱼，有鸟兽。此动物，能飞走。稻粱菽，麦黍稷。此六谷，人所食。
马牛羊，鸡犬豕。此六畜，人所饲。曰喜怒，曰哀惧。爱恶欲，七情具。
青赤黄，及黑白。此五色，目所识。酸苦甘，及辛咸。此五味，口所含。
膻焦香，及腥朽。此五臭，鼻所嗅。匏土革，木石金。丝与竹，乃八音。
曰平上，曰去入。此四声，宜调协。高曾祖，父而身。身而子，子而孙。
自子孙，至玄曾。乃九族，人之伦。父子恩，夫妇从。兄则友，弟则恭。

长幼序，友与朋。君则敬，臣则忠。此十义，人所同。当顺叙，勿违背。斩齐衰，大小功。至缌麻，五服终。礼乐射，御书数。古六艺，今不具。惟书学，人共遵。既识字，讲说文。有古文，大小篆。隶草继，不可乱。若广学，惧其繁。但略说，能知原。凡训蒙，须讲究。详训诂，明句读。为学者，必有初。小学终，至四书。论语者，二十篇。群弟子，记善言。孟子者，七篇止。讲道德，说仁义。作中庸，乃孔伋。中不偏，庸不易。作大学，乃曾子。自修齐，至平治。孝经通，四书熟。如六经，始可读。诗书易，礼春秋。号六经，当讲求。有连山，有归藏。有周易，三易详。有典谟，有训诰。有誓命，书之奥。我周公，作周礼。著六官，存治体。大小戴，注礼记。述圣言，礼乐备。曰国风，曰雅颂。号四诗，当讽咏。诗既亡，春秋作。寓褒贬，别善恶。三传者，有公羊。有左氏，有谷梁。经既明，方读子。撮其要，记其事。五子者，有荀扬。文中子，及老庄。经子通，读诸史。考世系，知终始。自羲农，至黄帝。号三皇，居上世。唐有虞，号二帝。相揖逊，称盛世。夏有禹，商有汤。周文武，称三王。夏传子，家天下。四百载，迁夏社。汤伐夏，国号商。六百载，至纣亡。周武王，始诛纣。八百载，最长久。周辙东，王纲坠。逞干戈，尚游说。始春秋，终战国。五霸强，七雄出。嬴秦氏，始兼并。传二世，楚汉争。高祖兴，汉业建。至孝平，王莽篡。光武兴，为东汉。四百年，终于献。魏蜀吴，争汉鼎。号三国，迄两晋。宋齐继，梁陈承。为南朝，都金陵。北元魏，分东西。宇文周，与高齐。迨至隋，一土宇。不再传，失统绪。唐高祖，起义师。除隋乱，创国基。二十传，三百载。梁灭之，国乃改。梁唐晋，及汉周。称五代，皆有由。炎宋兴，受周禅。十八传，南北混。辽与金，皆称帝。元灭金，绝宋世。舆图广，超前代。九十年，国祚废。太祖兴，国大明。号洪武，都金陵。迨成祖，迁燕京。十六世，至崇祯。权阉肆，寇如林。李闯出，神器焚。清世祖，膺景命。靖四方，克大定。

由康雍，历乾嘉。民安富，治绩夸。道咸间，变乱起。始英法，扰都鄙。同光后，宣统弱。传九代，满清殁。革命兴，废帝制。立宪法，建民国。古今史，全在兹。载治乱，知兴衰。史虽繁，读有次。史记一，汉书二。后汉三，国志四。兼证经，参通鉴。读史者，考实录。通古今，若亲目。口而诵，心而惟。朝于斯，夕于斯。昔仲尼，师项橐。古圣贤，尚勤学。赵中令，读鲁论。彼既仕，学且勤。披蒲编，削竹简。彼无书，且知勉。头悬梁，锥刺股。彼不教，自勤苦。如囊萤，如映雪。家虽贫，学不辍。如负薪，如挂角。身虽劳，犹苦卓。苏老泉，二十七。始发愤，读书籍。彼既老，犹悔迟。尔小生，宜早思。若梁灏，八十二。对大廷，魁多士。彼既成，众称异。尔小生，宜立志。莹八岁，能咏诗。泌七岁，能赋棋。彼颖悟，人称奇。尔幼学，当效之。蔡文姬，能辨琴。谢道韫，能咏吟。彼女子，且聪敏。尔男子，当自警。唐刘晏，方七岁。举神童，作正字。彼虽幼，身已仕。有为者，亦若是。犬守夜，鸡司晨。苟不学，曷为人。蚕吐丝，蜂酿蜜。人不学，不如物。幼而学，壮而行。上致君，下泽民。扬名声，显父母。光于前，裕于后。人遗子，金满籯。我教子，唯一经。勤有功，戏无益。戒之哉，宜勉力。

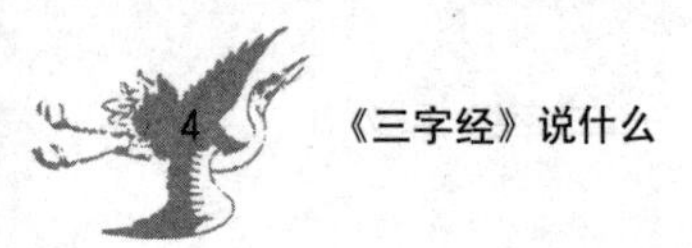

1. 人之初，性本善。性相近，习相远。

【译文】人生下来的时候，性情都是好的。虽然本性相近，但后来的习性却相差甚远。

【解读】中华文化是人本文化，《三字经》作为传统蒙学读物，既是教孩子的，也是教家长和老师的，因为孩子在还没有学习和理解能力的时候，都是依靠家长和老师来教的。家长和老师要想教好孩子，首先要知道教什么和怎么教。

《三字经》正文的第一个字就是“人”，这就告诉家长和老师，首先要教孩子认识“人”，而不是认识小花猫、小蝴蝶之类的；不仅仅是认识“人”这个字，而且要认识人的本性，要提醒孩子防止人的本性的丧失。

人的本性是什么？是“善”。这个“善”字作为名词有以下几个基本意思：第一个是“吉祥”。怎样才能获得吉祥呢？看这个字就知道，性情、言语要像绵羊一样温和柔美。第二个是“圆满”“美好”。用全息理论来看，任何局部里面，都包含着整体的圆满而美好的信息，只看我们怎样去开发和利用了。人也一样，从胚胎形成乃至胚胎形成之前，人的意识和肉体就具备了圆满而美好的因子，只要开发、引导、教育得当，就能在后天展现为现实。第三个意思是“善良”“慈悲。这个“善良”和“慈悲”的标准或许会随着时代、环境、文化的不同而有差异，但是佛门的十善或许是公认度最高的，那就是不杀生、不偷盗、不邪淫、不妄言、不绮语、不两舌、不恶口、不贪欲、不嗔恚、不愚痴。随时用这个标准去要求、去矫正，就

能保持住人的本善不致丧失。

“性本善”，是儒家文化的基本理念，也是传统教育的基石。孟子说“人皆可以为尧舜”，释迦牟尼说“一切众生皆具如来智慧德相”，都是讲人性本善的。儒家的教育过程，是保持人的善良本性、确保其不被污染和扭曲的过程，是引导人发挥其善良本性，促使个人身心健康、家庭和睦团结、国家稳定发展、天下太平和乐的过程；佛家的教育过程，是修正不良习性、破除迷惑颠倒、开发本有智慧、获得生命自由的过程。只有承认人性本善的事实，才能建立起教育的信心。只有基于人性本善的教育才是真正的“人”的教育。

我们对照一下流行的启蒙教育，其重点是放在“人”上呢，还是放在“物”上？是放在对人的善性的启蒙和维护上呢，还是放在对人的肢体的训练和对外在事物的追逐上？懂得教育心理学的人都知道先入为主、优先刺激对一个人的心智发展乃至人生命运的影响，懂得电脑技术的人都知道电脑程序对电脑运行的作用。如果一个人一开始就把关注的重点放在“人”上，放在对人的美善心灵的体验和维护上，放在对人的潜在智慧的诱导、开发上，那么，这对一个人的气质修养、内心品质乃至一生的成长必定会产生不可估量的良性作用。相反，如果从小过多地把孩子的注意力引导到对肢体动作的关注（当然，肢体训练对于孩子的成长发育也是必要的）和对外在事物的追逐上，而忽略了内向性检点、反省这种习惯的培养，就势必造成孩子身心不安、难于自律、思维偏颇等不良后果。现在很多家长和老师都抱怨孩子有“多动症”，抱怨孩子越大越逆反，抱怨孩子性格偏执，行为古怪，这些习气是从哪里来的？就是从错误的教育顺序、教育方法中来的，就是因为教育的基点、方向、重心没把握好，才导致“性相近，习相远”的结果。

2. 苟不教，性乃迁。教之道，贵以专。

【译文】如果不好好教育，“善”的本性就会改变。教育的规律，贵在专一。

【解读】人的本性之所以会改变，是因为没有受到良好的教育。事实上，不管有没有人教，人都在学。不是跟好的学，就是跟坏的学；不是有意地学，就是无意中学。如果家长和老师不去教、不会教，孩子就难免会学坏。尤其是当今时代，电影电视、电脑手机、报刊杂志、图书漫画、歌舞表演、广告海报等等，无时无刻不在刺激和影响着孩子的视听，其中充斥的信息善恶间杂、美丑混搭、正邪交叉，就是成年人都难免受其影响，何况孩子呢？在这样一种环境之下，孩子的教育面临着极大的考验。如果没有高度的警觉性和责任感，不懂得科学的教育规律和教育方法，孩子变迁善性的可能性是极大的。这个“迁”，可能是变坏，也可能是变偏变狭。

那么，科学的教育规律是什么呢？走进书店，或者浏览网站，资料可谓琳琅满目，观念也是五花八门。有的说好孩子是夸出来的，有的说好孩子是骂出来的；有的说孩子必须管，有的说孩子不用管；有的说成长比成功更重要，有的说不成功就意味着没成长。而《三字经》用三个字就把教育的根本规律给揭示出来了——“贵以专”。我们查阅相关字典，看到“专”字有以下几个基本含义：

第一个是本义“纺锤”。纺锤是运动的，在运动中将棉絮、棉纱或麻批儿捻成线并缠绕在上面。从中我们体会教育的规律：我们的教育对象是

动的，当他动起来的时候是会产生吸附力和内聚力的，通过其运动力量会造出产品，能够造出什么样的产品，取决于我们给他的原料，给他“棉絮、棉纱”他就给我们纺出棉线，给他“麻批儿”就纺出麻绳。这就提示我们，合理安排教育材料是很重要的。在一个“纺锤”上，一段时间内我们如果只想纺一种产品，就不能同时提供几种材料，否则会浪费时间，耽误效率。比如在婴幼儿阶段，主要是奠定人格基础，启发和维护美好善良的人性，那么我们提供给孩子的环境就应该是美好善良的，包括孩子周围人的言语、行为、各种学习资料，乃至于孩子可能接触到的居住环境等等。带孩子去游玩的地方，也尽量不要让他们看到、听到不善的东西。虽然这在当今时代很难做到，但要有这种意识。如果希望孩子保持美好善良的本性，至少在孩子成年之前，都只提供或主要提供利于维持善良本性的材料和环境，以保护他们的心灵不受污染。从“纺锤”中我们还体悟到，教育对象也是需要约束的。

第二个含义是“集中”。教育的目标要集中，最好是集中于品格塑造上，因为只要孩子的基本品格具备了，成材乃至成功都是顺理成章的。即使由于种种因缘不足而不能成材或者成功，但起码能成为一个无害于他人和社会的人。教育的内容要集中，在有限的时间范围内不要教得太多，所谓贪多嚼不烂，什么都教，结果是什么都学不会、学不好。教学的精力要集中，精力集中才能把孩子教好，孩子也才能学好。所谓精通，就是精神集中才能把一件事情、一门学问弄通。

第三个含义是“特长”。对于大多数人来说，要想成为全才是很难的，所以，在奠定好基本品格的前提下，要教给孩子一技之长。对于悟性较高的孩子来说，从一门学问或者技艺入手深入学习、反复琢磨，达到一定程度能够举一反三、触类旁通，“开悟”以后再学别的就容易多了。

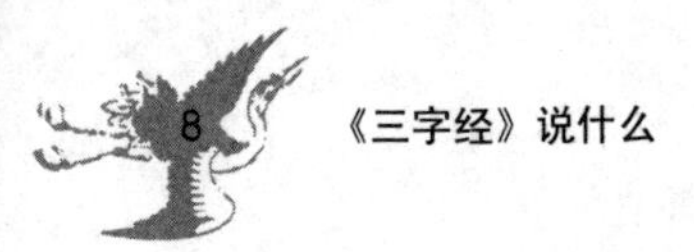

3. 昔孟母，择邻处。子不学，断机杼。

【译文】从前，孟子的母亲择邻而居。孟子不好好学习，孟母就剪断了织布机上的布。

【解读】这是发生在战国时期的两个典故：一个是“孟母三迁”：孟子小时候居住在离墓地很近的地方，有意无意之间学了些哭丧之类的事。他的母亲说：“这个地方不适合孩子居住。”于是将家搬到集市旁，孟子又学人家叫卖和屠宰之类的举动。母亲又想：“这个地方还是不适合孩子居住。”又将家搬到学宫旁边。在这里，孟子学会了在朝廷上鞠躬行礼及进退的礼节。孟母说：“这才是孩子居住的地方。”就在这里定居下来了。

另一个典故是“断机教子”：孟子小时候，有一次放学回家，他的母亲正在织布，见他回来，便问道：“学习怎么样了？”孟子回答说：“跟过去一样。”孟母见他无所谓的样子，就生气地用剪刀把织好的布剪断。孟子见状害怕极了，就问他母亲：“为什么要发这样大的火？”孟母说：“你荒废学业，如同我剪断这布一样。有德行的人总是好学以求名声，好问以求博闻，这样才能在静处的时候安定平和，做事的时候远离祸害。如果现在荒废了学业，就难免遭受苦役，难于逃离祸患。”孟子听后吓了一跳，从此，从早到晚勤学不止，把子思（春秋时期著名的思想家）当作老师，终于成了天下有名的大儒。

“孟母三迁”的典故告诉我们：良好的人文环境对人的成长及品格的养成至关重要。作为孩子的监护人，父亲母亲也好，爷爷奶奶外公外婆也罢，

若想孩子好，就要尽可能给他提供一个良好的成长环境。孟子父亲早亡，也算是个单亲家庭，家庭环境虽然贫苦，但是比较单纯，为了让孩子成材，孟母特别注重外部环境的影响。当今时代，对于有子女的家庭来说，不论是外部环境还是家庭环境，都比孟母面临的情况要复杂，作为监护人的责任就更大。现在对孩子影响最大的，除了人事环境，还有各种媒介。我们看到当今的媒体，尤其是电子媒体传播的内容，有相当一部分是不适合孩子接触的，比如描写精灵鬼怪的网络小说、传播暴力色情的网络视频和游戏，这比哭丧、叫卖、屠宰对孩子心灵的影响更加恶劣。孩子若是沉溺其中不能自拔，势必导致神经错乱、性格扭曲乃至人性丧失。有记者采访失足青少年，发现那些犯下偷盗、抢劫、强奸、杀人重罪的人，相当一部分都是被这些文化垃圾教坏的。因此，作为孩子的监护人，一定要高度警惕，防止孩子沉溺其中。

“断机教子”的典故启示我们：作为监护人和教育者，对于我们的教育对象，既要有强烈的责任感，又要有严厉的态度，还要有科学的方法。从这个典故中，我们看到孟母本身是一个勤劳的人，对于孟子，既有言传，更有身教。从孟母教育孟子的话语中，我们看到，孟母对于教育的目标是明确的，高尚的，就是希望孟子成为有德行的人；教育的态度是严厉的，看到孟子懒散，决不纵容；教育的方法是有效的，“断机杼”这一举动，既表达了孟母对孩子严厉的批评，又让孟子明白了荒废学业的严重后果和母亲对自己深沉的爱。正因为如此，孟子才能够虚心受教，最终成材。

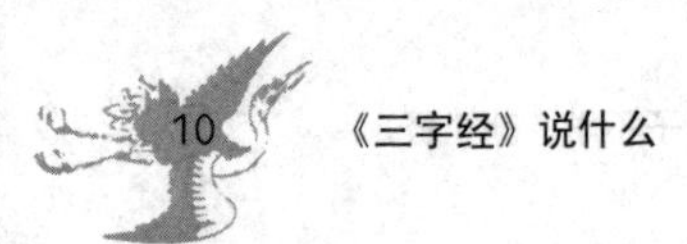

4. 窦燕山，有义方。教五子，名俱扬。

【译文】窦燕山教育儿子有道义、有方法，所教的五个儿子都名扬四方。

【解读】这是讲五代时期“五子登科”的典故：窦燕山，原名窦禹钧，因他居住在燕山一带，故后人称他为窦燕山。窦燕山出身于富商家庭，但他最初为人心术不正，坑蒙拐骗，以势压人，三十岁了还膝下无子。

一个夜晚，他梦到去世的父亲对他说：“你品行不端，恶名已被天帝知晓。以后你命中无子，并且短寿。你要赶快悔过从善，大积阴德，广行方便于劳苦大众，才能挽回天意、改过呈祥。”窦燕山醒来，决定重新做人。

有一年元旦，窦禹钧到延庆寺去拜佛，拾到了白银二百两、黄金三十两，就在寺中守候。后来终于等来失主，将黄金白银如数归还，并且赠给失主一笔路费。有个仆人偷了窦禹钧很多钱，自己写了卖女契约，系在幼女背上，说：“永卖此女，以偿还所偷的钱。”然后就逃跑了。窦公可怜这个女孩，烧了契约并养育她，后来还为她择婿出嫁。窦燕山家乡有不少穷人，娶不起媳妇，嫁不出去女儿，他就送银两帮助他们娶妻嫁女。亲戚中有不能办丧事的，他就出钱帮助办丧事；有无钱嫁女儿的，他就出钱帮助嫁女儿。一年的收入除了日常开支，全部用来救济别人。同时，窦燕山还在家乡设立学堂，收集上千卷书，请有学问的老师来教课。把附近因贫穷而不能上学的孩子招来免费上学。自己家里则节俭朴素，没有金玉饰品，也没有华丽衣服。

窦燕山如此周济贫寒，克己礼人，积了大阴德。此后一个晚上，窦燕山又梦见自己的父亲。老人告诉他："你现在阴功浩大，美名远扬，天帝已经知道了。以后你会有五个儿子，个个能金榜题名，你自己也能活到八九十岁。"从此他更加修身养性，广做善事，毫不怠慢。后来，他果然有了五个儿子。由于自己重礼仪、德行好，且教子有方、家庭和睦，窦家终于发达了。他的长子名仪，在后晋时中进士，入宋后官至礼部尚书、翰林学士，是宋初一代名臣。次子名俨，也是后晋进士，历仕汉、周，宋初任礼部侍郎。三子名侃，为后汉进士，曾任宋起居郎。四子名偁（chēng），为后汉进士，入宋任左谏议大夫。五子名僖，是后周进士，曾任宋左补阙。窦禹钧还有八个孙子，也都很贵显。最后，窦禹钧做到谏议大夫的官职，享寿八十二岁，临终前谈笑风生，向亲友告别，沐浴更衣，无病而卒。

从这个典故中，我们得到两点启示：第一，习性再恶的人，本性始终存在，只要明了因果，诚心悔过，积德行善，必然远离灾殃，趋近吉祥；第二，教育孩子能否成功，方法固然重要，但道义更为根本，所以《三字经》里讲的是有"义"方而不是有"巧"方。

我们看到当今社会不少有钱有势的人，在孩子身上花费的钱财不少，多么高级的学习工具、多么昂贵的贵族学校或海外名校、多么高级的辅导老师都具备，但孩子并不一定成器，有的甚至成为社会的败类。原因何在？总是在道义方面有所欠缺。而一些穷困人家的孩子，虽然学习条件并不太好，但父母心地仁厚，家庭和睦，勤劳善良，孩子受其影响，自觉学习，严谨修持，最终获得美好前程。《周易》中讲"积善之家，必有余庆"，这是被无数历史事实所证明的客观规律。若要孩子有出息，不仅要在方法技巧上着力，更要在道德仁义上下功夫。

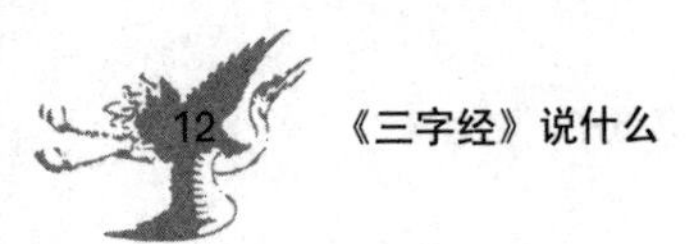

5. 养不教，父之过。教不严，师之惰。

【译文】养育而不教育，是父母的过错。教育而不严格（严谨），是老师的怠惰。

【解读】这里说的“养”，主要是指养育。为了使孩子身体得到正常发育，供给孩子必要的物质营养，扩展一点就是给孩子提供一切生活必需品。这是孩子成长必备的基础。但作为人，他是躯体与灵魂的统一体，如果仅仅养育躯体而忽视培育灵魂，则是父母的一大过错。这个培育灵魂的工作，就是“教”。

这一简单明了的道理被写入“经典”加以提醒，想必有一定来由。我们不知道古代是怎样的情形，观察一下当今社会我们就知道，在养育躯体方面，孩子的监护人是十分重视的，总是尽其所能供给最好的营养，让孩子衣食无忧。但凡事都有一个度，一旦超过必要的限度，就会适得其反。一些做长辈的生怕孩子吃得不好长得不快，除了在家里大鱼大肉狠劲喂养，还不惜高价买来种种补品滋养孩子。一些唯利是图的商家为迎合家长们的心理，在其广告中夸大其词误导消费者，在产品中掺杂使假，导致孩子们使用后出现早熟的状况，甚至落下种种奇怪的病症。这是家长们自身缺乏健康合理的养育孩子的经验和知识导致的结果。另一方面，当一个人把注意力过多集中到对孩子躯体的呵护和养育上时，往往会忽视精神品格的养成，甚至出现违反孩子自然需要而强行要求孩子服从家长的物质供养的情况，导致孩子精神受挫，身心失衡。在养育孩子的过程中，只是简单地为

其提供物质产品，满足物质欲望，而没有在这个过程中教导孩子了解物质产品的来之不易，也没有教给他们必要的辨认和使用这些物品的知识和经验，就容易使他们失去勤劳节俭、自我约束和自我服务的能力，养成懒惰浪费、贪婪骄横、低能依赖等恶劣习性，这就是家长们养而不教的过失所在。

那么，作为父母应该教给孩子什么呢？内容很多，但最起码应该教给他们基本的生活自立能力、简单的善恶判断能力和常规的待人接物能力。我们看到现在的一些孩子，一旦离开长辈的监护就会无所适从，有的甚至上了大学还不会照顾自己的生活起居，出门在外常被人坑蒙拐骗，跟人交往总是磕磕碰碰，这都是在家没有受到起码的家庭教育造成的。古人都有家教，这种家教主要是伦理道德教育，而现在的“家教”却变成了知识学问教育，这是一种值得重视和需要矫正的现象。

“教不严，师之惰”中的“教”，主要是指学校教育。古代学校的基础教育是私塾教育，儒家的教育主要包括德行、言语、政事、文学。德行是前提、基础，言语是交往生存所必需，政事、文学是治国安邦所要用到的知识、技能。这里的“文学”的内涵比我们今天所理解的要广，大概是指文艺和学术，这个学术里面也包括今天所说的理科知识技能，比如术数。这里的“严”，笔者认为包括严格和严谨两层意思。在对待学生的态度上，要严格，尤其是对其品德方面，当老师的一定要严格要求，若是品德有差，必须严加呵斥，严厉批评，令其改正。而在知识传授和技能培养方面，一定要严谨，不能随意瞎说以取悦学生。如果当老师的对于学生的品行教育不严格，传授知识和培养技能做不到严谨，那就是一种怠惰和过错。正人先正己，教人先自教，当老师的只有首先严格自律，严谨修身，做到行为示范、学为人师，才能成为学生的表率，赢得学生、家长和社会的尊敬与爱戴，教育出优秀的学生。

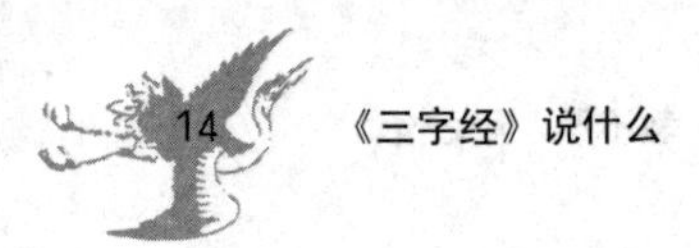

6. 子不学，非所宜。幼不学，老何为。

【译文】孩子不学习，是不应该的。小时候不学习，到老的时候能做什么呢？

【解读】这是劝孩子从小就要重视学习，其实也是劝家长要重视早期教育。中国古代的早期教育比我们今天想象的还要早，早到孩子入胎时候就开始了，这就是今天所说的胎教。据《列女传》记载，早在距今三千多年以前的西周时期，周文王的母亲就对他实行了胎教，因而周文王聪慧明圣。这期间文王的母亲太任“目不视恶色，耳不听淫声，口不出傲言”。为什么要这样呢？唐代医药学家孙思邈《千金方》中说，胎儿“禀至未定”，“逐物变化”，“外象而内感”，因而，外部环境的各种影响都会通过母亲而波及到胎儿，即“母呼亦呼，母吸亦吸，得热俱热，得寒俱寒；病则俱病，安则俱安”。明代医学家万全在《广嗣纪要》中也说：“子在腹中，随母听闻。自妊娠之后，就要行坐端严，性情和悦，常处静室，多听美言，令人诵读诗书，陈说礼乐，耳不闻非言，目不观恶事。”贾谊《新书·胎教》篇中也具体说明了孕妇应有的举止行为。中国古代有“三岁看八十”“教儿婴孩，教妇初来”的俗谚；孔子总结出“少成若天性，习惯自然成”的教育经验；汉代的贾谊提出了“早喻教”的观点，认为婴幼儿心地纯洁，可塑性大，在其赤子之心还未受到外界环境的熏染时，先入为主，及早教育，就会取得最佳的教育效果，养成良好的行为习惯。如果错过了这个教育的关键期，教育起来就十分吃力，甚至无法弥补了。

客观上讲，模仿和学习对于孩子来说是一个自然的过程，外界给什么样子，他可能就学什么样子，所以这里的“学”应该是指引导孩子学习正面的、善良的、美好的事物。具体应该学习哪些内容呢？《三字经》后面还要讲到。这里只是强调学习对于小孩子的重要性。当孩子还听不懂成人语言的时候，主要强调成人的示范作用，身教为主；稍微懂得成人言语的意思了，就要身教与言教相结合，一边做给孩子看，一边说给孩子听。

在劝孩子重视学习的问题上，相信绝大多数父母都是主动的、热心的，只是劝的方法可能各有不同。我们常常听到父母这样劝孩子：“你不好好学习，将来去讨饭当乞丐，拣垃圾扫大街！”这种劝法好不好？有没有效果呢？不敢一概而论，但是个人认为这种劝法弊大于利。首先是传递了一种错误的价值观：乞丐和清洁工是让人瞧不起的，即使以后孩子逃脱了当乞丐和清洁工的命运，他也不会对这些弱势群体产生同情心，这是品格上的一种缺失；第二，父母意识中有对弱势群体的不尊重态度，再把这种态度转移到孩子身上，也是对孩子的一种不尊重，容易对孩子的心灵造成损伤；第三，如果孩子由于父母对自己的态度问题产生逆反，不但起不到激励孩子努力学习的作用，还会适得其反，让孩子产生破罐子破摔的心理：我就当乞丐就扫垃圾怎么了？从而造成亲子关系紧张。所以，劝孩子重视学习的最好方法，还是按照《三字经》这几句话和后面的举例法来告诉孩子：学习是作为子女应该尽到的本分，不学习是不应该的。一个人来到世间是要有所作为的，要想有所作为，就要从小重视学习；如果从小不重视学习，等到老的时候，都很难有什么作为。从这几句话我们看到，古人劝说孩子是非常严谨，也是很有智慧的，在说清楚道理的同时，既不伤人自尊，又可避免负面联想。

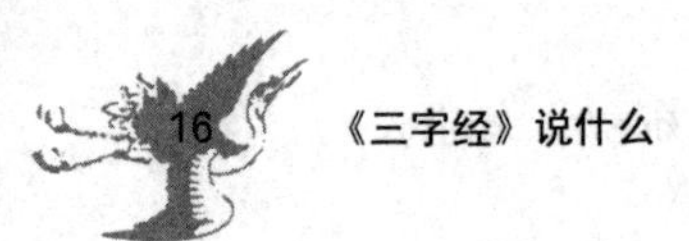

7. 玉不琢，不成器。人不学，不知义。

【译文】玉不打磨雕刻，不会成为精美的器物；人不学习，就不明白义。

【解读】我们设想，当父母、长辈劝说孩子应该从小重视学习的时候，孩子可能就会问了：为什么要学习呢？换到今天某些家长，就可能回答：如果你好好学习，就可能当大老板，挣大钱，或者当大官，当明星，就可能出国享受豪华别墅待遇什么的；如果不学习呢，就只好去大街上当乞丐拣垃圾或者去工地做苦力了。这是把孩子的目标锁定在金钱、权位、名望和吃喝拉撒的物质层面上，用这些名闻利养的欲望来诱导和用变得地位低下来威胁孩子学习。

那么《三字经》的回答有什么不同呢？首先是让孩子成器，这是最基本的；其次是要让孩子知义，这也是起码的要求。《三字经》一开始就是把人当人来看待，来教育的。作为人，是躯体与灵魂的统一体，所以既重视“成器”也重视“知义”，只有这两方面都做好了，才称其为完整的人。这里的“成器”是一语双关，用玉来打比方，玉是一种美好的东西，首先用这种美好的器物来唤起孩子的喜悦、向往之心，在这样一种心境当中，告诉孩子，器物要想变得美好，必须经过一番打磨雕刻；人要想变得美好，要成器呢，也是需要接受教育，需要学习的。这种劝诫既形象生动，也浅显易懂，还能激发孩子的内在动力。反过来，如果人不学习呢？那就不明白义。这个“义”的含义很丰富，比如道义、仁义、

恩义、情义等等。你看，这里不仅没有威胁利诱，而且直接把孩子往美好高尚的精神境界引导！

细细品味这两种不同的引导或劝告方式，我们可以悟出不少东西。以金钱、权利、名望等等来诱惑孩子学习，或许也能短时间产生一定的激励作用，但是其隐患也是很明显的，这种方式激发起来的学习动力和学习成果，是短暂的，是不能给人带来真正幸福的。因为孩子的学习目的是金钱、权利、名望，而这些东西能不能真正得到，学习只是其中的一种因素，而不是全部的因素。而且每一个孩子的学习能力也是不一样的。当孩子通过努力学习得不到这些东西的时候，他就会失望，就会怨天尤人；为了满足这种欲望，他们还可能会做出种种不义的事情来。这样的事例在当今社会太多了。由于家长从小过分强调欲望，孩子可能在追逐欲望的过程中迷失方向、迷失本性，甚至考大学本身都成了满足欲望的手段，而不是帮助成长的机会，只要看看每年高考中出现的舞弊现象、高考落榜后出现的自杀现象就明白了。而当他们通过努力学习确实满足了这些欲望以后又怎样呢？或许能够获得短暂的欢喜，但可能很快就会陷入失落和迷茫。为了寻求更多的刺激，他们可能利用自己获得的金钱、权利、名望去做一些不道德的事情，这种事例在当今也是屡见不鲜的。所以，过多地以金钱、权利、名望等外在欲望去诱惑孩子学习的方法是不明智的。而《三字经》以“成器”和“知义”来激励和引导孩子，是立足于引导孩子树立自尊自立的人格精神的，这种内在精神品格的追求，不会对自己和任何外在的人、事、物产生副作用，它只会产生积极健康的作用。作为人，谁不想自己“成器”呢？谁愿意被人斥责为“不义”之徒呢？一个人有了让自己成器的动力，有了做一个仁义君子的志向，学习的动力便会油然而生。而这种内在的动力是任何外在动力都无法

比拟的，随着一个人内在精神境界的不断提升，人的幸福感也会随之提升。即使物质条件、社会地位、名誉声望不如别人，他们也会自得其乐。

8. 为人子，方少时。亲师友，习礼仪。

【译文】做儿女的，从小就要亲近老师和朋友，向他们学习礼仪。

【解读】孩子的学习动力激发起来后，就要告诉孩子向谁学习，学习什么。向谁学习呢？除了家里的父母、长辈，就是老师和朋友了。谁是老师呢？韩愈在《师说》里面写道：“师者，所以传道受业解惑也。”老师是传授大道、教授学业、解释疑难的人。哪些人可以担当老师的职责呢？《师说》里告诉我们：“生乎吾前，其闻道也固先乎吾，吾从而师之；生乎吾后，其闻道也亦先乎吾，吾从而师之。吾师道也，夫庸知其年之先后生于吾乎？是故，无贵无贱，无长无少，道之所存，师之所存也。”出生比我早的人，他了悟大道本来比我早，我跟从他向他学习；比我出生迟的人，他了悟大道如果也比我早，我也跟从他学习，而且把他当作老师，我学习的是大道，哪里计较他生年比我早还是晚呢？所以，不论地位显贵还是地位低下，不论年长年少，大道存在的地方，也是老师存在的地方。

谁是朋友呢？就是与自己关系亲密、交情友好、讲求信义的人。能够担当老师的人品行高尚，能够成为朋友的人对你负责，所以向老师和朋友学习是没错的。

要想从老师和朋友那里学到东西，首先得端正学习态度，这个态度就是主动亲近。说到古代的老师，我们自然就想到一个词叫“师道尊严”，而这个词又被一些人误解为板着面孔严酷冷竣，对学生动辄训斥打骂。

若真是这样的话，谁还敢亲近老师呢？其实，“师道尊严”本义是指老师受到尊敬，他所传授的道理、知识、技能才能得到尊重，后多指为师之道尊贵、庄严。因为堪称老师的人是有道有德的人，学生和家长尊敬老师是理所当然的。学生学习成绩的好坏，与学生尊敬老师的态度是成正比的，正如佛门大德印光法师所说，“一分诚敬得一分利益，十分诚敬得十分利益”，这一点是可以在现实中得到验证的。因为学生只有亲近、尊敬老师，才可能集中精力听老师讲解，更微妙地观察，学生与老师只有在亲近和诚敬的状态之中，大脑中的信息才容易沟通，像禅宗“以心印心”的智慧传授方式，更是局外人所无法理解和感悟的，但却是不争的事实。所以“亲师友”这三个字，蕴藏着十分深奥的道理。

“亲师友”之后，首先需要学习的内容是什么呢？不是知识，而是礼仪。这是中华传统教育的智慧所在。为什么要先学礼仪，而不是一上来就学知识呢？这是因为我们学习的目的是做人，做一个对家庭和社会有用的人。做人最基础的条件就是明礼。一个不懂礼仪的人，不要说不可能真正学到知识，即使学到一些知识，也不会受到社会认可。古代孩子入学首先学习的礼仪是什么？拜师礼。一般拜师礼仪分成三个程序。第一，拜祖师、拜行业保护神，表示对本行业的敬重，表示从业的虔诚，同时也是祈求祖师爷保佑，使自己学业有成。第二，行拜师礼，一般是师父、师母坐上座，学徒行三叩首之礼，然后跪献红包和投师帖子。第三，师父训话，宣布门规及赐名等。训话一般是教育徒弟尊祖守规，勉励徒弟做人要清白，学艺要刻苦等。为何要行拜师礼？因为传统的师徒关系仅次于父子关系，即俗谚所谓“生我者父母，教我者师父”“投师如投胎”。有的行业，一入师门，全由师父管教，父母无权干预，甚至不能见面。一个拜师礼，把孩子的恭敬心和老师的责任心都提了起来，这就为今后

的学习打下了良好的基础。古代正式结交朋友，也是有礼仪的，这里就不多说了。总之，古代亲师习礼的传统，值得发扬光大。尤其是有时看到媒体上有关学生群殴甚至杀害老师的消息，更是感觉到恢复亲师习礼传统的必要性。

9. 香九龄，能温席。孝于亲，所当执。

【译文】黄香九岁时就能替父亲暖被窝。这种孝亲行为应当坚持。

【解读】父母把孩子交给老师，首先教育孩子要亲近和尊重老师；而老师接收学生以后，也会及时地教育学生孝敬父母。这就把家庭教育和学校教育很好地结合起来了。老师和父母共同配合，完成孝亲尊师的教育，这就给孩子的学习和成长奠定了一个很好的基础。

老师在教育孩子如何孝亲的时候，并不是干巴巴地说教，而是根据孩子的心理特点，采取讲故事的方式进行。所选的故事，主人公与孩子年龄相仿，故事跟孩子的日常生活靠得很近，学了之后马上就可以用到日常生活之中。这是值得今天从事教育的老师和家长学习、借鉴的。

这里讲的故事发生在东汉时期，说的是：黄香小时候家里非常贫穷，九岁时母亲便去世，又没有兄弟姐妹，只有他和父亲相依为命。黄香除平时帮助父亲操持农活、料理家务外，冬天还会为父亲暖热被子，夏天为父亲扇凉席子，对父亲尽心尽孝。人们都夸他少年时即博通经典，文采飞扬。京师广泛流传的“天下无双，江夏黄童”之语即是夸赞他的。这位出名的孝子后出任郎中、尚书郎、尚书左丞，又升任尚书令，任内勤于国事，一心为公，通晓熟习边防事务，调度军政有方，受到汉和帝的恩宠。后出任魏郡太守，于水灾发生时以自己的俸禄赏赐来赈济灾民。其子黄琼、曾孙黄琬，都官至太尉，闻名于天下。

在讲完故事之后，老师会做一个总结。这个总结不是像今天某些语文

课一样点出中心思想、写出段落大意、介绍写作技巧等等，而是直接告诉学生，这种孝亲的行为是一个孩子应该坚持去做的。

读了黄香的故事，联想到现在独生子女乃至单亲家庭孩子的状况，恐怕不少人都会感叹：如今要找这样的孝子实在是太难了。不要说让孩子帮父母料理家务，盼孩子对父母体贴入微，就是让孩子自觉完成作业都很困难。

那么，这种现象是如何造成的呢？可能还是与我们家长和老师的教育方式、当今的生活环境等有关。现在大家都把教育的重点放在知识的学习上，对于孩子的洒扫庭除、待人接物等基本生活能力却很少关注，不少孩子都是过着饭来张口、衣来伸手的日子，时间长了形成习惯，就丧失了料理家务的兴趣。由于从小习惯于父母、长辈对自己的关心照顾，自己对于父母、长辈的身心需要却视而不见。这就是我们现代人的教育观念和教育习惯带来的后果。我想，九岁之前，黄香的父母对于自己的长辈，恐怕一直也是像黄香一样尽心尽孝的，只有父母的行为在黄香的意识中先打下了烙印，到了一定的时候，黄香才能够自然地做出来。还有就是，鉴于黄香当时的家境，母亲去世之后，父亲一定忙于生计的时候比较多，不可能像今天的父母对待独生子女一样，事无巨细地照顾齐全，这正好给了黄香自我锻炼、自我成长、自我发挥的机会。再就是，当时也没有什么电视、电脑、游戏之类的东西吸引孩子的注意力，受环境的熏陶，孩子自然就把精力用在了读书学习和孝敬父亲上去了。

由此看来，对于孩子的教育，我们真的要好好反省一下了：我们给予孩子的爱到底是成就了孩子还是伤害了孩子？我们在对孩子付出爱心的同时是否淡漠了孩子的孝心？到底怎样的教育才是符合人性、利于孩子的教育？

10. 融四岁，能让梨。悌于长，宜先知。

【译文】孔融四岁时，能把大的梨让给哥哥吃。这种尊敬和友爱兄长的道理，应该从小就知道。

【解读】在教给孩子孝敬长辈的道理后，接着就教孩子尊敬兄长。这里还是用少年儿童乐于接受的方式，讲孔融让梨的故事：孔融四岁的时候，跟兄长一起分享梨子，主动选择了小的，而把大的让给了哥哥。当别人问他为什么这样做时，他说我比哥哥小，自然应该吃小的。

关于孔融让梨的故事，有各种不同的解读。比如，有人说孔融之所以把大梨子让给哥哥吃，是因为哥哥比较强势，他因为害怕才让给哥哥；有人说孔融是为了讨得大人的欢心才让梨。这些都说明孔融是个城府很深、见风使舵的人，他并不高尚。又比如，有人说即便孔融让梨是出于真心的，也不值得学习，因为他这种做法没有个性，没有独立意识，都像他这样让，将来不会有出息。

从这些不同的解读中，我们看到了不同的价值观。每一个解读者都不是孔融本人，无法了解孔融当时的真实心态，所以这些解读都只能代表解读者的观念。笔者揣摩，作为一个四岁的孩子，让梨多半出于一种自然淳朴的举动，听他的回答就知道：“因为我小，所以就吃小的。”这里可能没有后人添加的那么多的猜测。作为一种自然的举动，就无所谓高尚，也无所谓卑鄙了。面对这种自然淳朴的举动，抛开一切主观成见和有意猜测，他给我们直接的感受是什么呢？天真可爱，美好善良！还原到自然状态以

后，我们会不会为那些无端的猜测和见解感到羞愧乃至后怕呢?

《三字经》用这个故事教育孩子，本意是让孩子从小学会尊敬和谦让的品德。谦让礼敬，在古代是被公认的美德，谦谦君子也是人人喜欢的。《易经》上唯一一个全“吉”的卦就是“谦”卦，象曰：“天道亏盈而益谦，地道变盈而流谦，鬼神害盈而福谦，人道恶盈而好谦。谦，尊而光，卑而不可逾，君子之终也。”《尚书》中也说“满招损，谦受益”。但是，当今社会，竞争观念充斥于各个角落，在教育孩子的过程中，还有多少家长和老师坚持教给孩子谦让的美德呢?也许，家长们也处于一种矛盾状态当中：一方面希望孩子在自己和家人面前表现出谦虚礼让的品德；另一方面又担心，倘若总是教孩子谦让，那么孩子是否会处处吃亏，是否会丧失进取心，最终被社会所淘汰呢?

造成这种矛盾与困惑的根本原因，是两种不同的教育观念交织混杂在了一起。中国传统的教育观念，是圣贤教育的理念，是希望把人都教育成明白真理、知书达礼、谦恭有礼的圣贤君子，希望人人快乐幸福，家家和谐美满，处处友善和平；现代西方的教育观念，是科学教育的理念，是希望把人人教育成个性鲜明、特长突出、贡献卓著的英雄豪杰，希望人人光彩夺目，家家丰富多彩，处处生龙活虎。客观公正地说，两种教育观念和教育目标各有优长，也各有缺陷，就看自己怎样选择了。如果偏重个性特征的凸显，偏重外在事物的占有，或许竞争意识越强越容易达到目的（事实上未必如此），但是人会活得很辛苦，内心难以得到平静；如果偏重社会关系的融洽，偏重精神境界的提升，或许谦敬意识越强越容易实现目标，但是地位可能较平凡，财物可能不丰厚。需要特别说明的是，谦让礼敬是用在人与人的关系上的，在个人学识与精神修养方面，传统教育强调的是“自强不息”。

11. 首孝悌，次见闻。知某数，识某文。

【译文】首先要孝敬父母和敬爱兄弟，然后要多见多闻。还要知道数学、文学。

【解读】中国传统教育的起点是“孝”。《孝经》中说：“夫孝，德之本也，教之所由生也。”孝，是一切德行的根本，也是教化产生的根源。所以“首孝悌”三个字，我们既可以理解为先要教和学“孝悌”，也可以理解为，做人最重要的是懂得“孝悌”，然后才是后面的内容。为什么中国古人会把“孝悌”放在首要的位置，而把“知识”技能放到“孝悌”甚至“见闻”后面去了呢？

《孝经》说，这个“孝”是先王至高无上的品行和最重要的道德，可以用来使天下人心归顺，人民和睦相处，人们无论是尊贵还是卑贱，上上下下都没有怨恨不满。“孝”首先是感恩于父母给予自己的生命，要保护好自己的身体，侍奉好父母；然后帮助有德行的人乃至国君工作；通过遵循仁义道德，有所建树，显扬名声于后世，从而使父母显赫荣耀，自己建功立业，功成名就。《孝经》中对“孝道”进行了全面而严密的论述：天子行孝道，以亲爱恭敬的心情尽心尽力地侍奉双亲，而将德行教化施之于黎民百姓，能使天下百姓遵从效法；诸侯行孝道，位居众人之上而不骄傲，财富充裕而不奢靡挥霍，能够保住家国的安全，能与黎民百姓和睦相处；卿大夫行孝道，衣饰、语言、行为都能做到遵从先代圣明君王的礼法准则，能守住自己祖宗的香火延续兴盛；士人行孝道，能做到忠诚顺从地奉事国

君和上级，然后能保住自己的俸禄和职位，守住自己对祖先的祭祀；老百姓行孝道，能够遵循自然的季节，认清土地的高下优劣，行为谨慎，节省俭约，孝养父母。

孝道是天经地义的自然规律，是人类的自然本性，因此推行起来并不困难。从前的贤明君主首先表现为博爱，人民因此没有敢遗弃双亲的；向人民陈述道德、礼义，人民就去遵行，他又率先以恭敬和谦让垂范于人民，人民就不争斗；用礼仪和音乐引导他们，人民就和睦相处；告诉人民如何辨别美丑，人民就知道禁令而不犯法了。从前圣明的君王、诸侯、卿大夫以孝道治理天下，即便是对极卑微的小国的臣属也不遗弃，对失去妻子的男人和丧夫守寡的女人也不敢欺侮，对于臣仆婢妾也不失礼，总以一种谦卑恭敬之心待人，自然赢得百姓欢心，因此也就能使天下祥和太平，自然灾害不发生，人为的祸乱不会出现。

《孝经》中具体教导怎样尽孝时道：父母健在时，要以恭敬的心情照顾父母的饮食、健康，父母去世后要竭尽悲哀之情料理后事。侍奉父母双亲，要身居高位而不骄傲蛮横，身居下层而不为非作乱，在民众中间和顺相处、不与人争斗。君子能把对父母的孝心转移为对国君的忠心，把奉事兄长的尽敬之心移作对前辈或上司的敬顺，把理家的道理移到做官治理国家。《孝经》还专门写到，在遇到不义之事时，如系父亲所为，做儿子的不可以不劝争力阻；如系君王所为，做臣子的不可以不直言谏争。君子奉事君王，既要顺应发扬他的美德，又要匡正补救他的过失。还说“孝悌之至，通于神明，光于四海，无所不通”。由此可见，将“孝悌”之道置于教育学习和为人做事的优先和首要之处，的确是一种智慧的选择。

接下来是“见闻”，我们可以理解为生活知识的学习，排在“数”和

“文”这种书本知识之前，由此看出古代的教学注重实用，方式灵活，尤其是古代的游学方式，是真正的情景教学，不仅负担不重，而且效果不差，值得今天的教育界继承发扬。

12. 一而十，十而百。百而千，千而万。

【译文】一到十，十到百，百到千，千到万……

【解读】这是教给孩子基本的数学知识：一到十是基本数字，十个十是一百，十个百是一千，十个千是一万……一直变化下去。讲的是十进制的计算方法。我国是最早使用十进制记数法，且认识到进位制的国家。

在一些人的印象中，传统中国的人文知识比较丰富，数学知识却比较落后。笔者查阅资料发现，事实并非如此。《卜辞》中记载说，商代的人们已经学会用一、二、三、四、五、六、七、八、九、十、百、千、万这13个单字记十万以内的任何数字，甲骨卜辞中还有奇数、偶数和倍数的概念。亚里士多德称人类普遍使用十进制，只不过是绝大多数人生来就有10根手指这样一个解剖学事实的结果。但实际情况并不尽然，在文明古国巴比伦使用的是60进位制（如1分=60秒等），另外还有采用20进位制的。古代埃及用10进位制虽然很早，但不知道位值制。所谓位值制就是一个数码表示什么数，要看它所在位置而定，零是位值制记数法的精要所在，中国古人对0的认识最早。十进制是中国人民的一项杰出创造，在世界数学史上有重要意义。著名的英国科学家李约瑟教授曾对中国商代记数法予以很高评价："如果没有这种十进制，就几乎不可能出现我们现在这个统一化的世界了……总的说来，商代的数字系统比同一时代的古巴比伦和古埃及更为先进更为科学。"在计算数学方面，中国大约在商周时期已经有了四则运算，到春秋战国时期整数和分数的四则运算已相当完备。其中，出现于春秋时期的正整数乘法歌诀“九九歌”，堪称是先进的十进位记数法与简明的中国语言文字相结合之结晶，这是任何其他记数法和语言文字都无法产生的。

在数学方面，成书于公元一世纪左右的《九章算术》，是世界上最早系统叙述分数运算的著作，也首先记录了盈不足(西方称“双设法”)等问题。盈不足术经过丝绸之路西传中亚阿拉伯国家，受到特别重视，被称为“契丹算法”，后来又传入欧洲，中世纪时期“双设法”曾长期统治了他们的数学王国。“方程”章还在世界数学史上首次阐述了负数及其加减运算法则。魏晋时期的赵爽是中国古代对数学定理和公式进行证明与推导的最早的数学家之一。东晋的祖冲之计算出圆周率在3.1415926 ~ 3.1415927之间，他又用新的方法得到圆周率两个分数值，即约率22/7和密率355/113。祖冲之这一工作，使中国在圆周率计算方面，比西方领先约一千年之久。隋代刘焯在世界上最早提出了等间距二次内插公式……中国古代有《算经十书》《测圆海镜》《算法全能集》等诸多数学著作。总之，中国古人曾对世界数学发展做出过很多贡献。中国数学以解决实际问题为目标，数学研究是围绕建立算法与提高计算技术而展开的。以《九章算法》为代表的东方算法数学传统与西方演绎数学传统东西辉映，共同促进了世界数学文化的发展。

此外，中国数学作为儒学六艺（礼、乐、射、御、书、数）之一，其作用在于“通神明、顺性命，经世务，类万物”；道家也有“道生一，一生二，二生三，三生万物”的表述；还有阴阳五行八卦等等术数方面的内容。其中隐藏着很多现代科学尚难解释的奥秘，也非常人易于契入。了解中国古人在数学方面的这些成就与知识，有助于我们提高民族自尊心和自信心，增强探究传统文化的兴趣。

13. 三才者，天地人。三光者，日月星。

【译文】“三才”指的是天、地、人。“三光”指的是太阳、月亮、星星。

【解读】“三才”思想较早体现在创世神话“盘古开天地”中，后在《易经》《道德经》中有详细表述，再后来被庄子、董仲舒发展为天人合一的哲学思想体系，并由此构建了中华传统文化的主体。

《三五历纪》记载：“天地浑沌如鸡子，盘古生其中……”天、地、人（盘古）混而为一，后来天地开辟，天、地、人分开。《易经·说卦》记载：“是以立天之道，曰阴与阳；立地之道，曰柔与刚；立人之道，曰仁与义；兼三才而两之，故《易》六画而成卦。”天的规律，讲的是阴与阳；地的规律，讲的是柔与刚；做人的规律，讲的是仁与义。天、地、人三才都是由两种相互对立的因素构成演变的，所以《周易》也以阳、阴对立的符号组成卦象。通过掌握与运用《易经》这些规律，可以趋吉避凶，遇难呈祥。《道德经·第二十五章》中的“人法地，地法天，天法道，道法自然”有两种理解，其一是：人以地为法则，地以天为法则，天以道为法则，道以它自己的本来样子为法则。其二是：人效法地，地效法天，天效法道，道效法其本来的样子。道是“天地万物之母”，一切有形无形的物质形态，都是从道中演化出来的，天、地、人三才都在道中运行。

“天”的基本字义是指宇宙空间；神格化、人格化的概念指最高之神；延伸意义有“至高无上”“道德民意”等二十多种。“地”作为名词的基本字义表示大地、地球等，具有承载、生养万物的功能。“人”，《说文》释为“天地之性最贵者也”；《礼记·礼运》说是“天地之德，阴阳之交，鬼神之会，五行之秀气也”“天地之心也，五行之端也，食味，别声，被色，而生者也”。“才”，基本意思为能力、本领和有某种能力、本领的人；《说文》解释为“草木之初也”。古人把天、地、人列为三才，是否意味着，在古人的思维中，三者都既是自然之物，又都是具有灵性、具有无限生发能力和本领的事物呢？古人强调天人感应、天人合一，那么感应、合一的基础是什么？不就是这种共通的灵性吗？作为唯物主义者，似乎难以理解这种说法，也难以理解古籍中记载的种种天人感应现象，以及圣人所达到的天人合一境界。虽然近年来也有一些西方科学家的研究成果证实到天人感应现象的存在，一些修炼者也实证到天人合一的境界，但科学界还有争议，也不为大众广泛认可，这里就不做肯定的结论。然而，“天、地、人”三才之道和“天人合一”的哲学观念早已融入中华民族的血液，贯穿于中华民族的生活。中华民族乐于与天地合一、与自然和谐的精神，以及对天地与自然的敬畏之心，对于促进个人身心和谐、人类社会和谐、人与自然和谐，对于我们建设物质文明、政治文明、精神文明、社会文明、生态文明，对于实现民族复兴中国梦，以及促进世界和平发展，创造人类美好未来，都有不可限量的实际作用，值得重视。

“三光”是以人们肉眼所能见到的“日、月、星”来引导孩子认识自然现象，同样体现着天人合一的观念。如《庄子·说剑》：“上法圆天以顺三光，下法方地以顺四时，中和民意以安四乡。”中国古代还有星相之学，这里就不再延伸了。

由此可见，中国古人的教育，并非我们今天所想象的那样封闭狭隘，其视野是相当开阔的，其深度和广度也是了不起的。

14. 三纲者，君臣义。父子亲，夫妇顺。

【译文】三纲，就是君王与臣子的言行要合乎义理。父母、子女之间相亲相爱，夫妻之间和顺相处。

【解读】“三纲”的观念，曾经被作为封建糟粕加以批判。那时候对于“三纲”的理解，就是“君要臣死，臣不得不死；父要子亡，子不得不亡；夫要妻跪，妻不得不跪”。这种理解跟儒家倡导的仁义思想完全悖离，如果不是有意歪曲，至少也是一种误解。

追根溯源，我们发现“三纲”的概念始见于东汉班固《白虎通义·三纲六纪》：“三纲者，何谓也？君臣、父子、夫妇也。”简而言之，就是指君臣、父子、夫妇（妻）的关系。同样的文字，不同的人会有不同的理解和解释。我们查看这个“纲”字，其本义是提网的总绳，引申义是事物的关键部分、事物的要领，而后才有法度等含义。作为动词，“纲”又可以引申为“引领、统帅、表率”等含义。我们知道儒家学说主要是讲人伦关系的，在种种人伦关系中，君臣、父子、夫妇是最为关键的，这个“纲”的意思就可以理解为“关键”，提示我们要特别注意处理好这三种关系。又《礼纬·含文嘉》中有：“三纲谓君为臣纲，父为子纲，夫为妻纲。”这是进一步来看三种关系如何认识和处理，君、父、夫是三种关系中最为“关键”的，是起“引领、统帅、表率”作用的，这是一种客观的事实，这里的“纲”就可以理解为“引领、统帅、表率”的意思，那么这三句话就可以理解为“君为臣之表率，父为子之表率，夫为妻之表率”。

那么处理这三种关系的“关键”和“要领”又是什么呢？就是“君臣义”“父子亲”“夫妇顺”。怎样才能做到呢？那就是“君仁臣忠、父慈子孝、夫义妇顺”。这里不是简单的尊卑上下和命令与服从的关系，而是各自站在自身的位置平等履行义务和责任才能实现的。作为领导要施仁爱，作为下属要尽忠心；作为父亲要给慈爱，作为子女要尽孝心；作为夫君要有情义，作为妻子要讲和顺。每一对关系当中，双方都有义务和责任，并不是一些人理解的硬性要求某一方无条件地服从另外一方。如果要讲服从的话，不论是处在怎样的位置和角色，都得服从同一个东西，那就是“道义”。

在君臣之间，就是荀子说的“从道不从君”，道在君则从之；如果君不从道，即如孟子所言：“君视臣如草芥，臣视君如仇寇。”如果当领导的把下属看作草芥一样不加尊重，下属也会把领导当作仇寇一样不诚敬。在父子之间，即如《孝经》所言：“故当不义，则子不可以不诤于父，臣不可以不诤于君；故当不义，则诤之。”因此在遇到不义之事时，如系父亲所为，做儿子的不可以不劝争力阻；如系君王所为，做臣子的不可以不直言谏争。在夫妇之间，妻子所要顺从的，是丈夫的道义、情义、恩义，如果作丈夫的失去了道义、情义、恩义，那做妻子的还有什么必要顺从他呢？

“三纲”的理念之所以曾经遭到批判，是因为后人没有真正从儒家一贯倡导的核心理念去认识和领悟其真正内涵，对这几句话产生了误解乃至曲解，使社会大众对传统文化丧失了信心。现在笔者用当下的话语对《三字经》这几句话做这样的概括：当领导的、做父母的、为夫君的，要做下属、子女、妻子的表率，要有自己的担当；领导与下属之间要守道义，父母与子女之间要相亲相爱，丈夫与妻子之间要讲求和顺。

15. 曰春夏，曰秋冬。此四时，运不穷。

【译文】春、夏、秋、冬，称为四季。四时季节循环往复，永不停止。

【解读】中国传统教育既有人文教育，又有自然科学的教育，而人文教育与自然科学教育常常有交融的现象。春夏秋冬四季的知识传播就属于自然科学教育，而每个季节的习俗活动又是人文道德教育的范畴。

中国古人根据太阳一年内的位置变化以及所引起的地面气候的演变次序，把一年三百六十五又四分之一的天数分成二十四段，分列在十二个月中，以反映四季、气温、物候等情况，这就是二十四节气。每月分为两段，月首叫“节气”，月中叫“中气”。因此，二十四节气又分为十二节气（节）与十二中气（气），每月有一“节”与一“气”区分，“节”为月之始，“气”的最后一日为月之终。四个季节依次开始于“立春”“立夏”“立秋”“立冬”。《史记·太史公自序》中写道：“夫春生夏长，秋收冬藏，此天道之大经也。弗顺则无以为天下纲纪。”春天萌生，夏天滋长，秋天收获，冬天储藏，这是大自然的总规律，不顺应这个规律，则难以担当治理天下的重任。这是中国古人根据长期实践总结出来的经验。中国古人根据节气安排农事，根据日升月落、季节变化调整生活起居，进行修身养性，生活过得悠闲自在。

如今，随着科学技术的发展，农作物的生产不再严格按照季节和节气进行，可以利用大棚种植，通过人工手段局部改变小环境来生产。这种科学技术的进步，对于提高农作物的产量、满足人们的生活需要起到了积极的作用。但是，据不少老年人说，利用现代科学技术手段生产出来的产品，

其“味道”远远不能跟传统的纯自然方式生产的产品相比，也不如纯自然的产品“养人”。即使是生活在城市的现代人，也本能地倾向于“纯天然”“无公害”的农产品。当然，这只是老百姓的直观感受和本能选择，里面是否蕴涵着深奥的秘密，有待科学家去研究。此外，现代能源的利用和快节奏的工作安排，打破了古人“日出而作，日落而息”的起居习惯，这给人们的身心健康带来的负面影响和沉重压力，已经被越来越多的人承受着，至于是否引起科学界、管理层和每个人的足够重视，笔者不敢妄加评论。

一年中每一个季节都有节日，每个节日都有相应的习俗，节日习俗里面有丰富的人文内涵。比如春季的春节，是中国最富有特色的传统节日，中国人过春节已有四千多年的历史，在国内各民族以及海外汉语文化圈的各种春节文化活动中，均以祭祀祖神、祭奠祖先、除旧布新、迎禧接福、祈求丰年为主要内容。夏季的端午习俗中，既包含卫生保健、体育竞技的内容，也包含纪念孝贤、传承文明的内容。秋季的中秋节，更是仅次于春节的家庭团圆的日子，秋高气爽、月朗星稀之际，古人多有对月高歌、吟诗作对的雅兴。秋季的重阳节，先秦时代是人们在农作物丰收之时，通过祭飨以谢天帝、祖先恩德的活动，后来融入祈求长寿、孝老敬老的内容。冬季的冬至、除夕等节日，都有吃饺子、吃馄饨、祈望无病无灾等习俗。中国古人过节，大都有祭祀天地、祭奠祖先的仪式，有家人团聚、亲戚互访的习俗，以及个人许愿、相互祝福的习惯，体现了中华民族敬畏自然、感恩祖先、团结和睦、乐观向上的民族性格。

春夏秋冬循环往复，历史车轮运转不停，传统文化历久弥新，中华民族生生不息。

16. 曰南北，曰西东。此四方，应乎中。

【译文】东、南、西、北，叫作“四方”。这四个方位，与“中”呼应。

【解读】这是关于地理方位的知识。在中国传统文化中，南、北、西、东、中，不仅仅是一个方位问题，其中还有更为丰富的象征意义。

比如，为什么不按照我们今天的习惯排列为东南西北，而排列为南北西东呢？除了押韵的因素外，大概还有一个尊卑概念在里面。我们看甲骨文的“南”字，，仿佛一个人张开双臂叉开双腿，站在高台上，做出一种胜利的姿态，这对于含蓄内敛的中国人来说是很特别的。这是因为古代把南视为至尊，而把北象征为失败、臣服。宫殿和庙宇都面向正南，帝王的座位都是坐北朝南，当上皇帝称“南面称尊”；打了败仗、臣服他人叫“败北”“北面称臣”。为什么不说“败东”“败西”而说“败北”呢？从“北”字的甲骨文到今天的写法，我们都能看出来，这个字是两个人背对背的形状，所以“北”字的本义是“背”或“相背”，由于古代两军作战的过程中打了败仗向后逃跑的一方总是以背对敌的，所以“北”这个词后来就有了“失败”的义项。“西”字的甲骨文写法是个鸟巢，表示日落西方倦鸟归巢，又有栖息的意思；人死了之后称为“归西”，这个“西”则是指佛教的“西方极乐世界”，那是了脱生死轮回的最美境界，“归西”是人死之后最佳的选择。“东”字甲骨文写法，表示太阳升起的地方。古代接待活动中，主位在东，宾位在西，所以有房东、股东、东道主、做东等词语。“东”“西”两个字连起来，除了跟方位有关的东边和西边、从东到西、旁侧等意思外，还泛指各种具体或抽象的事物，特指人或动物等。而“东西南北”四个字连起来呢，则指四方、到处、各地、普天下或方向；亦指到处飘泊，行踪不定。“中”，是中央、中心的意思。“中国”一词，最早指天下的“中心”——黄河流域中下游的中原河洛地带。中国以外称为四夷。在汉人心目中，其直接统治地区是为中国本土，其周围四夷均为臣属之地，所谓“天子有道，守在四夷”。这“四夷”指的是南蛮、北狄、西戎、东夷。“应乎中”，一般解释为“必须有个中央位置对应，才能把各个方位定出来”。根据《书·大禹谟》“无怠无荒，四夷来王”的意思，是否可以理解为四方各民族都听从“中国”召唤，与“中国”呼应呢？“中”字除了表示方位，还是一个哲学概念，代表不偏、中正、好的意思，也表示一种人生处世的态度，比如中庸之道。月牙山人指出：中字是由一个0（口）字和一个1字组成，0是大道的体，1是大道的用。中字由0和1组成，同时拥有了大道的体和用，所以中是道的大成。

笔者把这个“中”理解为“中央”“中心”“中道”。那么“曰南北，曰西东。此四方，应乎中”这句话，就有了延伸的意义：倘若东西南北各个地方的政权、组织、国家都与“中央”“中国”相呼相应、彼此照应，就能实现国家统一、民族团结、世界和平；不论你想东想西侃南说北，倘若都不离开中心，就能避免思维混乱、语无伦次；不论你走南闯北、奔东走西，倘若你为人处世、干事创业能够保持中道，不偏不移，中正平和，忠恕待人，忠诚干事，就能做到左右逢源、事业有成。

17. 曰水火，木金土。此五行，本乎数。

【译文】水、火、木、金、土，这“五行”，是源于自然的抽象概念。

【解读】王经石在《太极图谱解析》中说：“五是自然界中五种物质、五种能量、五种气场，而‘五’相互作用产生运动，称为‘行’，五和行合起来就是‘五行’。五行生克是代表物质、能量、信息的演化形式，它是朴实的世界观与自然科学。”

“五行”一词，最早出现在《尚书》的《甘誓》与《洪范》中，在《甘誓》中有“有扈氏威侮五行，怠弃三正，天用剿绝其命”的说法。《洪范》中指出“五行：一曰水，二曰火，三曰木，四曰金，五曰土。水曰润下，火曰炎上，木曰曲直，金曰从革，土曰稼穑。润下作咸，炎上作苦，曲直作酸，从革作辛，稼穑作甘”。它提出了以水为首的五行排列次序，以及五行的性质和作用。五行中的每一种状态，都包含着一个行列化的相同性或类似性的范畴，如：水曰“润下”，代表柔和，流动，寒凉，滋润，向下运行；火曰“炎上”，代表消耗，爆发，温热，升腾，明亮；木曰“曲直”，代表生长，萌发，柔和，条达舒畅；金曰“从革”，代表安定，收敛，清洁，清肃；土曰“稼穑”，代表生化，承载，接纳。

在中医里，用五行描述人体五脏系统的功能和关系，又不限于具体的解剖学上的五脏。“此五行，本乎数”，就是提醒我们不要僵化地理解“五行”，因为这个“五”是一个抽象的数字概念，比如中医里有一个五行对应关系：

五行	五脏	五腑	季节	气候	五感	五官	五色	五味	形体	五音	方位
木	肝	胆	春	风	怒	目	青	酸	筋	角	东
火	心	小肠	夏	热	喜	舌	赤	苦	脉	徵	南
土	脾	胃	长夏	湿	思	口	黄	甘	肉	宫	中
金	肺	大肠	秋	燥	悲	鼻	白	辛	皮毛	商	西
水	肾	膀胱	冬	冷	恐	耳	黑	咸	骨	羽	北

同一行的事物相互感应，但过度则害，比如怒则伤肝，过喜伤心；再比如适当的甘味是补脾的，但味过于甘，又会呆胃滞脾。

所谓“行”，郑玄注曰：“行者，顺天行气也。”这就是五行学说里的五行相生规律：水生木，木生火，火生土，土生金，金生水。水为生命之源以生木；木为生命之精，木燃为火；火为文明之始，火焚木后为土；土为生命根基，聚土成山，山中藏金；金傍水生，埋金之地必有水。所以“五行”是关乎自然的呈现与持续运作规律的描述。与此相应还有五行相克规律：天地之性，众胜寡，故水胜火；精胜坚，故火胜金；刚胜柔，故金胜木；专胜散，故木胜土；实胜虚，故土胜水。《尚书》中记载有鲧氏和鲧没有按照自然规律去做事（比如治水），所以遭遇失败受到惩罚，而禹顺从自然规律治水，所以获得成功。自古以来，中国先贤把五行理论巧妙地运用于医学领域，以五行辩证的生克关系来认识、解释生理现象，尽力适应身体内部自然规律以养生，努力掌握人体运行机制以防病、治病，取得了丰富经验和成果。

以上是“元素论五行”，此外还有“德性论五行”，包括仁义礼智信。

五行学说描绘了事物的结构关系和运动形式，涉及哲学、中医、占卜等，可以说是一种古老的普通系统论，内容丰富，理论深奥，方法灵活，若要从中获益，当深入学习实践。

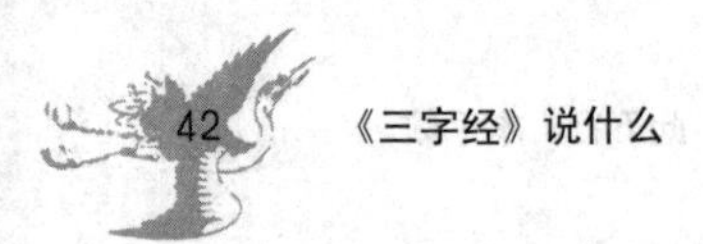

18. 十干者，甲至癸。十二支，子至亥。

【译文】“十干”指的是从甲到癸。“十二支”指的是从子到亥。

【解读】这里讲的是天干地支，简称“干支”。甲、乙、丙、丁、戊、己、庚、辛、壬、癸称为“十天干”；子、丑、寅、卯、辰、巳、午、未、申、酉、戌、亥叫作“十二地支”。干支相配，组成六十个基本单位，具体称谓是：甲子、乙丑、丙寅、丁卯、戊辰、己巳、庚午、辛未、壬申、癸酉、甲戌、乙亥、丙子、丁丑、戊寅、己卯、庚辰、辛己、壬午、癸未、甲申、乙酉、丙戌、丁亥、戊子、己丑、庚寅、辛卯、壬辰、癸巳、甲午、乙未、丙申、丁酉、戊戌、己亥、庚子、辛丑、壬寅、癸卯、甲辰、乙巳、丙午、丁未、戊申、己酉、庚戌、辛亥、壬子、癸丑、甲寅、乙卯、丙辰、丁巳、戊午、己未、庚申、辛酉、壬戌、癸亥。

天干地支在我国古代主要用于纪日、卜卦和配合记事，后来用于序数、评级、分类、风水、术数、中医和命理学等领域。

干支用来纪年月日时的历法叫作干支历。纪年以二十四节气的立春为年分界线，用六十天干地支进行标注。从甲子到癸亥，循环更替，以至无穷。纪月一般只用地支，每月固定用十二地支表示。把冬至所在之月称为“子月”（夏历十一月），下一个月称为“丑月”（夏历十二月），以此类推。干支历月和二十四节气形成如下对应关系：

序号	1	2	3	4	5	6	7	8	9	10	11	12
干支历月份	寅月	卯月	辰月	巳月	午月	未月	申月	酉月	戌月	亥月	子月	丑月
二十四节气	立春 雨水	惊蛰 春分	清明 谷雨	立夏 小满	芒种 夏至	小暑 大暑	立秋 处暑	白露 秋分	寒露 霜降	立冬 小雪	大雪 冬至	小寒 大寒

纪日用干支相匹配的六十甲子来记录日序，从甲子开始到癸亥结束，六十天为一周，循环记录。纪时以晚上零时为子时，从甲子到癸亥循环记录。干支纪时与阳历纪时形成如下对应关系：

子时：23 点至 1 点；丑时：1 点至 3 点；寅时：3 点至 5 点；卯时：5 点至 7 点；辰时：7 点至 9 点；巳时：9 点至 11 点；午时：11 点至 13 点；未时：13 点至 15 点；申时：15 点至 17 点；酉时：17 点至 19 点；戌时：19 点至 21 点；亥时：21 点至 23 点。

干支与五行、属相关联，形成如下对应关系：甲子金鼠，乙丑金牛，丙寅火虎，丁卯火兔，戊辰木龙，己巳木蛇，庚午土马，辛未土羊，壬申金猴，癸酉金鸡，甲戌火狗，乙亥火猪，丙子水鼠，丁丑水牛，戊寅土虎，己卯土兔，庚辰金龙，辛巳金蛇，壬午木马，癸未木羊，甲申水猴，乙酉水鸡，丙戌土狗，丁亥土猪，戊子火鼠，己丑火牛，庚寅木虎，辛卯木兔，壬辰水龙，癸巳水蛇，甲午金马，乙未金羊，丙申火猴，丁酉火鸡，戊戌木狗，己亥木猪，庚子土鼠，辛丑土牛，壬寅金虎，癸卯金兔，甲辰火龙，乙巳火蛇，丙午水马，丁未水羊，戊申土猴，己酉土鸡，庚戌金狗，辛亥金猪，壬子木鼠，癸丑木牛，甲寅水虎，乙卯水兔，丙辰土龙，丁巳土蛇，戊午火马，己未火羊，庚申木猴，辛酉木鸡，壬戌水狗，癸亥水猪。

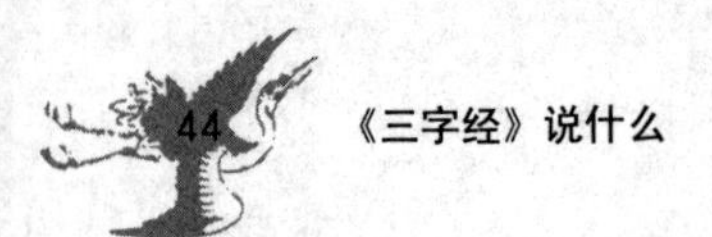

中国的干支历包含了阴阳五行思想和自然回圈运化的规律，在指导农事活动、日常起居以及养生保健等方面，产生了神妙的效果。比如，古人将十二地支对应十二个月，体察出人之气脉与天地之气相互感应的事实，研究出时间医学原理和养生保健功法，对于提高人们的健康水平发挥了神效。

干支历有具体的推算方法，网络上或者《万年历》中查找也比较方便，读者若想了解更多内容或具体运用，可通过以上方式进行，这里不再详述。

19. 曰黄道，日所躔。曰赤道，当中权。

【译文】太阳行走的轨迹叫黄道。从当中平分地球的圆圈叫赤道。

【解读】这里讲的是天文知识。“当中权”的“权”，笔者猜想可能是“圈”字的同音错记，这样理解起来比较顺畅。

地球一年绕太阳转一周，我们从地球上看成太阳一年在天空中移动365或366圈，太阳这样移动的路线叫作黄道。黄道两侧各8度的区域叫黄道带，是日月行星等天体出没的场所，是它们经天而过的走廊。黄道带上分布着十二个星座，它们是白羊座、金牛座、双子座、巨蟹座、狮子座、处女座、天秤座、天蝎座、射手座、摩羯座、水瓶座和双鱼座，地球上的人在一年内能够先后看到它们。古巴比伦人把黄道分成12等份，每等份30度，称为1段。太阳在黄道上每月运行1段。在古人看来，太阳是阿波罗神，它休息的地方定然是金碧辉煌的宫殿，因此，他们就把黄道上的1段叫作1宫。这样，黄道上的12段便成了“黄道十二宫”，即白羊宫、金牛宫、双子宫、巨蟹宫、狮子宫、室女宫、天秤宫、天蝎宫、人马宫、摩羯宫、宝瓶宫和双鱼宫。中国古人则在黄道和赤道附近两个带状区域内观察到二十八个星座，称为二十八宿。中国有个词语叫“黄道吉日”，泛指可以办事的吉利日子。古今学者都认为，所有的宇宙运动都会不同程度地作用于地球生命，从而在地球生命上打下深深的烙印。在日、月、星辰的运动中，蕴藏着万物消长的规律，寓含着深奥的物候原理。古今中外都有占星术和择吉日的习俗。在还未彻底揭开其奥秘之前，我们似乎不宜简单地以迷信视之，暂且以包容的态度对待吧。

赤道是地球表面的点随地球自转产生的轨迹中周长最长的圆周线。它把地球分为南北两半球，以北是北半球，以南是南半球，它是划分纬度的基线。赤道的纬度为0°，是地球上最长的纬线。赤道经过的行星级地貌有太平洋、南美洲、大西洋、非洲、印度洋，经过的大陆有非洲大陆、南美洲大陆，经过的国家有印度尼西亚、瑙鲁、基里巴斯、厄瓜多尔、哥伦比亚、巴西、加蓬、刚果（布）、刚果（金）、乌干达、肯尼亚、索马里、马尔代夫。位于厄瓜多尔的赤道纪念碑被称为“地球的中心”。碑顶是一个大型的石雕地球仪，安放的方向是南极朝南，北极朝北。地球仪的中腰，从东到西刻有一条十分清晰的白线，代表赤道线。每年3月21日和9月23日，太阳从赤道线上经过，直射赤道，全球昼夜相等。这时，厄瓜多尔人总要在此举行盛大的迎接太阳神的活动，感谢太阳给人类带来温暖和光明。来这里参观的游客们都喜欢站在石阶上，两脚平踏在白线两边，摄影留念，以显示自己是脚踏两半球的人。关于赤道，中国古籍中多有记载，如东汉张衡《浑仪》:“赤道横带浑天之腹，去极九十一度十六分之五。”“浑天说”是我国古代的一种重要宇宙理论，认为“浑天如鸡子，天体圆如蛋丸，地如鸡中黄”。天的大圆分为365.25度，浑天旋轴两端分别称为南极、北极，赤道垂直于天极，黄道斜交着天的大圆，黄赤道交角为24度。浑仪是中国古代用于测量天体赤道坐标的观测仪器。有资料表明，在公元前4世纪中叶，中国就已经使用浑仪观测天象了，比古希腊早约六十年。

自从有了人类以来，人们就一直仰望天空，俯察大地，探索着天地宇宙的奥秘，并主动适应其规律，创造着文明。这样的脚步永不停息。

20. 赤道下，温暖极。我中华，在东北。

【译文】赤道地区温度最高，气候特别炎热。我们国家地处地球的东北边。

【解读】这里进一步介绍赤道的气候知识，并说明我们国家在地球上的位置。

赤道穿过的气候区为热带雨林气候、热带草原气候、部分高地气候。热带雨林气候又称“赤道多雨气候”，主要分布在赤道两侧南北纬10° 之间，终年高温多雨，各月平均气温在 25 ~ 28° C，年降水量可达2000 毫米以上。季节分配均匀，无干旱期。主要出现在南美洲亚马逊平原、非洲刚果盆地和几内亚湾沿岸、亚洲的马来群岛大部和马来半岛南部。热带草原气候又称热带干湿季气候、萨瓦纳气候、热带稀树草原气候、热带疏林草原气候。大致分布在南北纬 10° 至南北回归线之间，以非洲中部、南美巴西大部、澳大利亚大陆北部和东部为典型。此类型分布区处于赤道低压带与信风带交替控制区。全年气温高，年平均气温约25° C。赤道低压带控制时期，赤道气团盛行，降水集中；信风带控制时期，受热带大陆气团控制，干旱少雨。年降水量一般在 700~1000 毫米，有明显的较长干季。自然植被为热带稀树草原。全球的高地以不同走向分布于各个纬度带，故其气候差异甚大，赤道经过的高地如南美的安第斯山属于高地气候。在赤道，动植物比其他地方的动植物长得更快、更大，而且外形更怪异。赤道地区的阳光是地球上最强劲的能量。由于赤道地

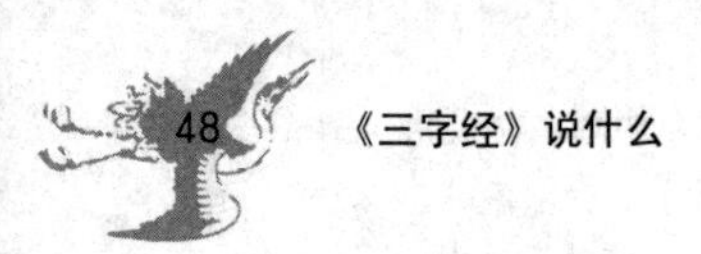

区的阳光使海水大量蒸发，这种冲击会在一个大范围内形成湿度柱，进而形成风和潜流，而风和潜流随后会给位于异常遥远的地方的生命提供能量。

这里的“中华”，是“中国”与“华夏”的合称，自古有之，又称中原、中土，在古代代表着先进的文化和地区，又代表着创造这一先进文明的汉民族。在地理方面，“中华”已经不只是指代中原地区，而是指整个中国的疆域，处在地球的东北边；民族方面也不只是指代汉民族，而是生活在中国疆域内的所有民族，还包括生活在海外的华裔。虽然目前“中华”一词早已成为对中国文化、地理、民族、饮食等方面的泛称，但直到近代中国才开始出现该词汇的现代意义——1912 年中华民国成立时才正式将“中华”纳入国名。

《辞海》的释义为：“我国古时多就黄河流域建都，因此称其曰中华。中者，居四方之中也；华者，具有文化之民族，服装华美者也。其后，疆域日广，凡其所属，皆称中华，亦称中国。后来，中华逐渐成为我国的称号。”而《现代汉语词典》的解释是：“古代称黄河流域一带为中华，是汉族最初兴起的地方。后来指中国。”中国历史源远流长，旷古悠久，自黄帝王朝的姬轩辕统一中原时（公元前 2697 年）算起，至今已有近五千年的历史。在悠悠的历史中，“中华”不断发展，屹立于世界之林，成为今天举足轻重的国家之一，传承着具有悠久历史而又光辉灿烂的中华文明与中华文化。

21. 寒燠均，霜露改。右高原，左大海。

【译文】我国气候冷暖匀称，冬霜夏露会随着季节更替而改变。当你面向南方，右边是高原，左边是大海。

【解读】这是讲中国的气候特征和地貌特点。

中国气候有两大特点，一是气候的多样性。中国幅员辽阔，跨经纬度较广，距海远近差距较大，加之地势高低不同，地形类型及山脉走向多样，因而气温降水的组合多种多样，形成了多种多样的气候。从气候类型上看，东部属于季风气候（又可分为亚热带季风气候、温带季风气候和热带季风气候），西北部属于温带大陆性气候，青藏高原属于高原气候。从温度带划分看，有热带、亚热带、暖温带、中温带、寒温带和青藏高原区。从干湿地区划分看，有湿润地区、半湿润地区、半干旱地区、干旱地区之分。而且同一个温度带内，可含有不同的干湿区，同一个干湿地区中又含有不同的温度带。因此在相同的气候类型中，也会有热量与干湿程度的差异。

二是季风气候显著。中国的气候具有夏季高温多雨、冬季寒冷少雨，高温期与多雨期一致的季风气候特征。由于中国位于世界最大的大陆——亚欧大陆东部，又在世界最大的大洋——太平洋西岸，西南距印度洋也较近，因此气候受大陆、大洋的影响非常显著。冬季盛行从大陆吹向海洋的偏北风，夏季盛行从海洋吹向陆地的偏南风。中国古代主要是通过自身感知和对于物象、星云变化等途径来观察记录和总结气候特征的，通过观察总结得出二十四节气规律，并根据节气规律来安排农事活动、生活起居等。

我国民间有很多关于气候方面的谚语，那是人民群众生活经验的总结。比如，“朝起红霞晚落雨，晚起红霞晒死鱼”“久晴天射线，不久有雨见”“燕子低飞天将雨”“蜜蜂迟归，雨来风吹”“响雷雨不凶，闷雷下满坑”“五月南风下大雨，六月南风井底干”“播种不过清明关，移栽不过立夏关”“大暑不浇苗，到老无好稻”“芒种芒种样样要种，一样不种秋后腾空”，等等。

中国地貌有三大特点：一是地势西高东低，呈阶梯状分布，自西向东大致分三级逐级下降，形成一个层层降低的阶梯状斜面。二是山脉众多，起伏显著，山地占全国总面积的1/3。从最西的帕米尔高原到东部的沿海地带，从最北的黑龙江畔到南海之滨，大大小小的山脉，纵横交错，构成了我国地貌的骨架，控制着地貌形态类型空间分布的格局。三是地貌类型复杂多样，按地貌形态区分可分为山地、高原、丘陵、盆地、平原五大基本类型，以山地和高原的面积最广。根据考古资料，从距今约170万年的元谋猿人，到距今约3万年前的山顶洞人等众多的人类文化遗存中都可以看出，那时人们对岩石、地形等地理要素的认识已积累了不少知识。从写作于春秋时期的《禹贡》中可以看出，那时人们已掌握了我国地势西高东低、山岳分布西部集中东部分散两大特征，同时对境内的主要水系也有了深刻了解。成书于战国时期的《山海经》也包含了当时有关地貌、水文、物产等方面的地理认识。

不论是地形地貌，还是气象气候，都是随着宇宙运行、地球运动以及人类活动而变化变迁的，我国晋代葛洪就记录了“东海桑田”（海洋变为陆地，陆地变为海洋）的故事。面对变幻莫测的气候与环境，人只有定（内心安定）了才能胜天（与大自然合而为一）。因此我国古代人文地理的内容非常丰富且深奥。这里不一一赘述。

22. 曰江河，曰淮济。此四渎，水之纪。

【译文】长江、黄河、淮河和济水，这四条大河是中国河流的代表。

【解读】中国是世界上河流最多的国家之一，其中流域面积超过 1000 平方千米的河流就有 1500 多条。这里举出了长江、黄河、淮河和济水四大代表河流。

长江发源于青海省西南部、青藏高原上的唐古拉山脉主峰各拉丹冬雪山，曲折东流，干流先后流经青海、四川、西藏、云南、重庆、湖北、湖南、江西、安徽、江苏、上海共 11 个省、自治区和直辖市，最后注入东海。全长 6300 公里，是中国第一大河，也是亚洲最长的河流，是世界第三大河。流域面积 180 多万平方公里，约占全国总面积的 1/5，年入海水量约 10000 亿立方米，占全国河流总入海水量的 1/3 以上。它流经中国青藏高原、横断山区、云贵高原、四川盆地、长江中下游平原，流域绝大部分处于湿润地区。黄河发源于青海省中部，巴颜喀拉山北麓，流经青海、四川、甘肃、宁夏、内蒙古、山西、陕西、河南、山东 9 个省、自治区，注入渤海，全长 5464 公里，是中国第二大河。流域面积 75 万多平方公里，流经中国青藏高原、内蒙古高原、黄土高原、华北平原，多为干旱、半干旱、半湿润区。淮河是位于长江和黄河之间的大河，发源于河南省南阳市桐柏县西部的桐柏山主峰太白顶西北侧河谷，全长约 1000 公里。淮河流域地跨河南、湖北、安徽、江苏和山东五省，流域面积约为 27 万平方公里。济水又称济河，发源于济源县城西北 2 公里处，有二源，一出济源济渎庙，一出龙潭。

二水在济源程村合流，东流至沁阳柏香后分为二支，一支东南流为猪龙河，是济河主流，流经温县于坨村入黄河；另一支流入沁阳县城，流至龙涧村入沁河。济河常年流量在 1.5 立方米 / 秒左右。

河流是地球生命的重要组成部分，是人类生存和发展的基础。历史上人类及其社会生态系统的发生发展与河流相互依存，密不可分。如古中国人发源于黄河流域，古埃及人发源于尼罗河流域，古印度人发源于恒河流域，古巴比伦人发源于两河流域。

“无边落木萧萧下，不尽长江滚滚来。”“白日依山尽，黄河入海流。欲穷千里目，更上一层楼。”中国古人常常临江抒怀，对河高歌，过着悠然恬静的生活。然而今天，几乎全世界范围内的河流生态都呈现出单项或多项并发症：河流崩溃、尾闾消绝。亚洲几条较大的河流——恒河、印度河、黄河、阿姆河、锡尔河，在一年中的大多数时候都不能入海。世界四大文明古国中的古印度、古埃及、古巴比伦都相继消失，只有中国文明还在延续。但近年来，中国在依赖河流获得巨大经济增长的同时，也给河流带来了严重的污染。享用着江河滋长的丰富物质的当代中国人，内心里却难找到古人那种悠闲自在、宁静平和的感觉。

望着浊浪翻滚的江河，摸着躁动不安的内心，我们忽然想起，是祖先创造的壮阔的黄河文化和毓秀的长江文化，以孔孟为核心的儒家文化和以老庄为核心的道家文化，以及代表了百姓美好期望的龙凤文化共同哺育和滋养了一代又一代中华儿女。在环境日益恶化、人心日益浮躁的当今时代，我们期待着，出自中国本土的格物致知、共度时艰的儒家精神和崇尚自然、追求自由的道家精神，来自邻国印度的无缘大慈、同体大悲的佛家精神，出自当代的实事求是、改革创新的时代精神，汇聚成为强大无比的精神力量，引领我们早日铸就民族复兴的中国梦想，再现中国龙凤呈祥的和谐局面。

23. 曰岱华，嵩恒衡。此五岳，山之名。

【译文】泰山、华山、嵩山、恒山、衡山，这“五岳”，是中国名山。

【解读】中国是个多山的国家。有些山巍峨壮观、气象万千；有些山旖旎秀丽、千姿百态；还有些山与宗教、文化融为一体。这里列举了中国五大名山。

岱，指的是东岳泰山，是我国的五岳之首，也位居“中华十大名山”之首。泰山位于山东省中部，自然景观雄伟高大，有数千年精神文化的渗透和渲染以及人文景观的烘托，著名风景名胜有天柱峰、日观峰、百丈崖、仙人桥、五大夫松、望人松、龙潭飞瀑、云桥飞瀑、三潭飞瀑等。华，是指西岳华山，海拔 2154.9 米，居五岳之首，位于陕西省西安以东 120 公里的历史文化故地渭南市的华阴县境内，北临坦荡的渭河平原和咆哮的黄河，南依秦岭，是秦岭支脉分水脊的北侧的一座花岗岩山。嵩，是指中岳嵩山，位于河南省西部，地处河南省登封市西北面，是五岳中的中岳，素有“汴洛两京、畿内名山”之称。奇异的峻峰，宫观林立，故为中原地区第一名山。《诗经》有“嵩高惟岳，峻极于天”的名句。衡，指南岳衡山，位于湖南省衡阳市南岳区，海拔 1300.2 米。由于气候条件较其他四岳为好，处处是茂林修竹，终年翠绿；奇花异草，四时飘香，自然景色十分秀丽，素以“五岳独秀”著称于世。恒，指北岳恒山，位于山西省大同市浑源县城南 10 公里处。其中，倒马关、紫荆关、平型关、雁门关、宁武关虎踞为险，是塞外高原通向冀中平原之咽喉要冲，自古是兵家必争之地。主峰天峰岭海拔2016.1米，被称为“人天北柱”“绝塞名山”。除了“五岳”，我们还常常说到“三山”：安徽黄山、江西庐山、浙江雁荡山；“佛教五大名山”：山西五台山、四川峨眉山、浙江普陀山、贵州梵净山和安徽九华山；“道教四大名山”：湖北武当山、安徽齐云山、四川青城山、江西龙虎山。

山岳本属于物质世界中的自然存在，然而在传统文化中，山岳被赋予自然物质意义以外的诸多含义，具有一定的象征性，于是，山岳在人们的观念中便常显示为人文符号。我国历来的帝王，佛家、道家人士及文人墨客出于对这些名山的青睐而做出的举动，如：封禅、祭拜、题刻、立碑、修庙、建寺、吟讽、写游记等等，形成了一种特色鲜明的山岳文化。据说，春秋战国时的《山经》共记载有347座名山，其中的大多数都和神话相关联。神话时代终结后，中国的大小山岳几乎都成为美妙传说的原型，那些奇特的景观也被当作传说的依托和可印证的信物，山岳的自然景观于是拥有了民俗文化属性。几千年来，中国的儒、佛、道在“政教合一”的强势支配下，使官方与民间的信仰相结合，全面涌向大小山岳，纷纷选择或抢占洞天福地，处处开辟祭坛道场，广建宫、观、寺、庙、庵、堂、殿、阁、楼、塔、亭、台，开岩凿洞，摩崖造像，把中国众多的山岳纷纷创建成官民信仰和崇拜的圣地。于是乎，一座座名山也成为文化的宝库，每一座名山，都被赋予了精神。

自古以来人们对于山神的感恩与崇拜，对于山岳文化的敬重，不仅镇定了人们的神志，净化了人们的灵魂，而且保护了山岳的完整，生态的平衡。而迈入工业化时代，一些地方肆无忌惮地毁林开荒，掘地挖矿，推山建厂，毁田“种”房，虽然在某种程度上满足了人们物质上的需求，却减少了古人那种诗情画意的享受，而且由于盲目和过度开发国土资源，导致资源过度消耗，环境受损，生态失衡，不得不令人反思和警醒。

24. 曰士农，曰工商。此四民，国之良。

【译文】知识分子、农民、工人和商人，这四民，是国家不可缺少的栋梁。

【解读】每一个社会，都是由具有不同特长、从事不同职业的社会成员共同组合而成的。在有文字记载的五千多年的中国历史上，经历过多种社会形态，出现过多种社会职业和社会群体，而士、农、工、商这四种职业和群体，是多数社会形态所共有的，也是社会生活中不可缺少的。

《三字经》对四种社会成员的排列顺序，体现了当时人们对这四种社会成员的重视程度，或者说反映出当时这四种社会成员受人尊重的程度。我们知道，“文化大革命”期间，知识分子被称为“臭老九”，是当时最不受尊重的群体，而“造反”的工人、农民及无业人员则成为强势群体。我们现在回头去看，知道这是反常的。社会发展到今天，如果重新排序的话，恐怕排在首位的应该是“商”了。因为，不仅从事商业活动的群体数量之多超过历史上任何时期，而且商人，尤其是“成功商人”在社会大众中的地位也不低，一些政府官员的亲商观念也是浓而又浓，有的甚至提出“把商人举过头顶”的口号。而知识分子似乎总是处于一种不冷不热、不咸不淡的状态；农民、工人，口头上很重视，但实际上未必如此。那么，古人为什么排列出士、农、工、商这样的顺序？其中有什么深意吗？

“士”在中国历史上的地位错综复杂，就像这个字的构成一样，从“一”到“十”，他们上可为卿相，下可为布衣，也可不官不民。不论是在哪一个阶层，士都是受人尊敬的，即使处于“四民”行列中，也被摆在首要位置。为什么会是这种状况呢？读过诸子百家的典籍以后，我们就会发现，原来，士是以学问和道德修养为己任，有远大志向和抱负的人，用孟子的话说就是“士穷不失义，达不离道”。士是提供和传授智能、引领道德风尚的人，所以墨子说“入国而不存其士，则亡国矣……非士无与虑国。缓贤忘士，而能以其国存者，未曾有也”。既然如此，尊士、养士、礼贤下士就是理所当然的事情了。如果一个社会不再尊重士了，不是士本身褪化变质而不值得人们尊重了，就是整个社会的价值观出现了问题，人们不再把学问与道德放在首位，而是把别的东西比如金钱财富放在首位了。

农民、工人也许学问没有士那么高，眼界没有那么广，却是我们每一个人的衣食父母。任你有满腹的经纶、齐天的地位、满仓的金银，倘若没有粮食充饥，缺少衣服蔽体，那还是没法生存。当然，商人也是不可缺少的，正如《史记·货殖列传序》中说的，“商不出，则三宝绝”。没有商人的辛劳，再好的粮食，再好的用具，人们都难以方便获取。商人在方便人民生产生活的过程中获取合理合法的利益，也是天经地义的事情。只是，由于利益的诱惑力量实在强大，如果没有前面“士”的道义引领，“商”者就很可能做出种种见利忘义、重利轻德的事情来；况且，没有“农”“工”的劳作支撑，“商”者纵有再大的本事，也没法变出人们生产生活所需要的任何东西。所以，把“商”摆在最后，是恰如其分的。而且，这也体现出古人的一片良苦用心，那就是，不论是农民、工人还是商人，都要有一定的学问和起码的道义作基础和保证，才能够在各自的行列里站稳脚跟，做出贡献。顺便说一句，如今的知识分子，在知识学问方面或许比古人丰富，但是在道德仁义方面是否能够与古人相比呢？“士”这个“头”是否自愿或被迫地让“商”这个“尾”给拽低了呢？

25. 曰仁义，礼智信。此五常，不容紊。

【译文】仁、义、礼、智、信，这“五常”，不允许混乱。

【解读】“五常”观念，曾与“三纲”并列着被视为封建糟粕加以批判，认为那是封建统治者用来愚弄人民、巩固政权的反动或迂腐观念。也许，在某种特殊历史背景之下，这种说法和做法有其必然性。但是如今冷静下来反思一下，批判和抛弃“五常”带来的直接结果是什么呢？可以毫不夸张地说，就是秩序紊乱、社会混乱。在经过了历史的检验之后，我们才明白，“不容紊”这三个字的分量之重。

那么，为什么这“五常”是“不容紊”的呢？

让我们先来看看“常”是什么意思。翻开字典，我们看到，“常”的原始意义是“裳”，演变后的基本义项有三个：1、一般，普通，平常；2、长久不变的；3、时常，经常。由此可知，古人认为，仁、义、礼、智、信，是需要人们经常遵守和实践的长久不变的一般规则，就像人穿衣吃饭一样。人若不穿衣不吃饭，就无法存活；若不遵守“五常”，也是难以存活于世间，难以立足于社会的。一个社会丧失了“五常”的规范，也会导致祸乱丛生。所以，《左传》上说“人弃常则妖兴”，人如果抛弃了五常规范，各种异常的、反常的现象就会兴盛起来；《朱子治家格言》中说“伦常乖舛，立见消亡”，一个家庭如果违背了伦常秩序，很快就有灾难发生，甚至导致消灭和败亡的恶果。

真有那么严重吗？无数的历史事实已经证实了，无须辩驳。为什么会

如此呢？让我们再看看“五常”的涵义。仁：最早写作“|二”，即一竖二横，一为阳，二为阴；后演变为“人”和“二”字的组合。在中国传统哲学看来，万事万物都是阴阳和合而生的，所以“仁”有相互依赖、生长繁育的意思，果“仁”就具有生长繁育的功能；“二”上一横表示天，下一横表示地，所以“仁”表示的是一种天地人和的状态，有敬顺自然、和睦相处的意思；“二”又是古“上”字，所以“仁”是人必须遵守的至高无上的法则；“二”表示两个，所以“仁”有推己及人、将心比心、互助互爱的意思。义：公正合宜的道理或举动，是人生的责任和奉献。礼：礼制，礼仪，礼貌，礼节，礼让，核心是《论语》所说的“礼之用，和为贵”。智：聪明聪颖，智慧，见识，理智。信：诚实，不欺骗，守信用，有信仰。

我们想想看，如果人们都缺乏“仁”心，损人利己，违背天理；不讲道“义”，不负责任，巧取豪夺；不懂“礼”仪，不修“礼”让，处处计较；没有“智”慧，蒙昧愚痴，感情冲动；没有“信”仰，不守“信”用，胡作非为，那么，其结局不是天下大乱还会是什么呢？乱到极处不是自我毁灭又是什么呢？人们生活在缺乏仁义、没有理智、罔顾礼节、不讲信用的社会当中，必然心情不爽、情绪躁动、举止异常，从而导致种种身心疾患，这样的日子哪有幸福可言？社会若是处在混乱不堪的局面当中，又怎样实现国家富强、民族振兴的梦想？又如何为世界和平做出自己的贡献呢？

由此看来，仁、义、礼、智、信，绝不是空洞的教条，也不是封建糟粕，而是关系到个人身心安稳、家庭和睦幸福、社会和谐稳定、国家繁荣富强、世界安定和平的根基所在。这种恒常不变的理念、规则，不仅适合于古代，也适合于当今，不仅对中国有用，同样对世界有益。

26. 地所生，有草木。此植物，遍水陆。

【译文】地球上生长着花草树木，这些植物，在陆地上和水里到处都有。

【解读】这里的“草木”，就是指草本植物和木本植物，其最突出的表象就是森林和草原。如果说大山是地球的骨骼，河流是地球的经脉，土壤是地球的肌肉，那么草木就是地球的皮毛了。

人类依赖地球而生存，若不开发利用地球资源，人类当然无法生存；但是开发利用的前提是有效的保护。保护地球首先从保护森林和草原开始，因为，作为地球的皮毛，森林和草原对地球本身来说具有保护的作用。倘若没有森林和草原的覆盖与涵养，地球的肌肉会萎缩，血脉会枯竭，筋骨会断裂，最终导致地球变成一个没有生机的死球，人类就无法在此生存下去。所以，自古以来，人类就对地球上的草木呵护有加。

据《逸周书》载：早在大禹时期，就有春三月不得伐木、夏三月不得撒网打鱼的禁令。东周的管仲主张对山泽林木实行国家垄断，提出“敬山泽林薮积草，夫财之所出，以时禁发焉”（《管子·立政》）的观点，而且把保护山泽林木作为对君王的道德要求，提出“为人君而不能谨守其山林菹泽草莱，不可以立为天下王”的思想（《管子·轻重》）。《礼记·王制》中明确规定：“草木零落，然后入山林。”荀子也指出，草木正在开花生长的时候，砍伐的斧头不准进入山林，这是为了使它们的生命不夭折，使它们不断生长；树木的砍伐与培育养护不错过季节，所以山林不会光秃秃，而老百姓也会有多余的木材。《秦律·田律》中规定：不到夏日，不得烧草为肥，不得采摘正在发芽的植物等等。不仅如此，历代朝廷都设置专门机构管理草木，如《周礼》有记周朝山虞“掌山林之政令，物为之厉，而为之守禁”，林衡“掌巡林麓之禁令，而平其守”，柞氏“掌攻草木及林麓”；唐朝虞部“掌京城街巷种植、山泽苑囿、草木薪炭供顿、田猎之事”（《旧唐书》）。不仅朝廷对草木严加管理，百姓也自觉维护草木，比如云南的纳西族，古来就有一种风俗，就是孩子从稍懂事起就被大人告知：如果你污秽水源，就必然要生病；如果你损害树木，就必然要落得肢体不全。直到今天，我们到一些乡村，看到路边一些高大树木的枝干上总是缠着一些红布条，树下还有香灰或纸钱灰烬，这是当地老百姓敬奉树神留下的。这不是一种简单的迷信行为，它体现了老百姓对自然的敬畏之心和对森林植被的呵护之情。

令人遗憾的是，历史上也出现过破坏草木生态的行为，而这些行为的结果是给人类带来了灾难，并因此受到诟病。比如杜牧在《阿房宫赋》中提到“蜀山兀，阿房出”，说的是秦始皇为了修建阿房宫，将蜀山的林木全部伐光；我国“大跃进”时期毁林开荒、大炼钢铁，以及改革开放后的一段时期，一些地方过度采伐森林，过度放牧，过度采矿，过度开发国土资源，毁坏森林植被，导致土地石漠化、沙漠化，进而引起气候变化，带来沙尘暴等次生灾害。生态失衡已经对人类生存造成了严重威胁，面对这一严峻形势，中共十八大将生态文明建设提到了相当的高度。

草木是地球的皮肤，也是人类以及其他动物赖以生存的不可或缺的资源。有人总说“草木无情”，却忘记了正是草木养育和呵护了我们的生命！让我们放下贪婪，以无比感恩和敬畏的心情对待地球上的一草一木吧！

27. 有虫鱼，有鸟兽。此动物，能飞走。

【译文】虫、鱼、鸟、兽这些动物，有的能在空中飞行，有的能在水陆游走。

【解读】这是介绍野生动物，也就是在野外生存，非人工饲养的各种哺乳动物、鸟类、爬行类、两栖类、鱼类、软体类及其他动物，虫、鱼、鸟、兽是常见的代表性动物。

说到野生动物，我们便想起了动物保护。之所以要提倡动物保护，是因为长期以来，人类为了自身口腹之欲而大量捕杀食用动物，肆意破坏环境，造成了生态失衡，气候变化，致使一些动物物种濒临灭绝。那么中国古人，或者说中国传统文化是怎样认识动物和对待动物的呢？

《墨子·辞过》记载：“古之民未知为饮食时，素食而分处。”说明古人最初是以素食为主的。即使有了食肉的条件，也不是像今天这样天天吃肉，且毫无节制地什么动物都吃。商纣王之所以被周武王讨伐，是因为他有两大罪行：第一条是暴殄天物，第二条是坑害百姓。可见古人把过度食肉视为犯罪。魏晋南北朝时期，佛教传入中国，其戒杀放生的观念与儒家传统的仁爱思想相结合，由梁武帝带头兴起素食之风，也是基于保护动物的考虑。

从一些古代诗文中，我们可以体会到中国古人与动物之间和谐相处的情景，如“明月别枝惊鹊，清风半夜鸣蝉。稻花香里说丰年，听取蛙声一片。”（南宋·辛弃疾《西江月·夜行黄沙道中》）“山头鹿下长惊犬，池面鱼行不怕人。”（唐·王建《题金家竹溪》）。在古代中国人的心目中，动物与人类都是有灵性的，只不过身体形状不同，动物不会人类语言而已。在民间，有很多动物的传说故事，其中的动物有着人的感情、思想，可以跟人对话，与人交流，如白蛇的传说、八哥报恩的故事、喜鹊老师的故事等等。一些少数民族还视某种动物为自己的祖先，对于这一类的动物不仅不能伤害，而且恭敬礼拜，比如广西南丹县瑶族黄姓传说其始祖妣为母猴，大瑶寨的瑶族至今禁忌打猴吃猴肉。中国民间很多地方的百姓，都只食用家养动物，而不吃野味的。在国家机构中，中国古代也有管理和保护动物的部门，如《周礼·地官》规定大司徒的职责还包括考察动植物的生态状况，分析它们和当地居民的关系，并对山林川泽和鸟兽等动物加以保护，使之正常繁衍，保持良好状态。国家法律中，也有专门保护动物的条款，如夏代曾规定:“夏三月，川泽不入网罟，以成鱼鳖之长。”周代规定，“国君春田不围泽；大夫不掩群，士不敢取卵”。《汉书·宣帝纪》记载汉宣帝颁布诏书，宣布春夏两季不得破坏鸟巢，探取鸟卵，射击飞鸟。南北朝时期，宋明帝泰始三年明令禁止不按季节捕鸟。北齐后主天统五年发布命令，禁止用网捕猎鹰、鹞和观赏鸟类。唐高祖武德元年发布命令，禁献奇珍异兽。由此可见，中国自古就有保护动物的传统。

地球是人类与动物共有的家园，生物多样性的存在为人类提供了适合生存的空间。但是，由于人类的破坏和栖息地的丧失等因素，地球上濒临灭绝生物的比例正在以惊人的速度增长。生物多样性的平衡遭到破坏，也是引发自然灾害的原因之一，所以保护动物如今成了全球性的号召。但是仅仅号召别人没有用处，从自己做起最为现实。如果不知道如何去做，至少可以从拒绝食用野生动物做起。

28. 稻粱菽，麦黍稷。此六谷，人所食。

【译文】稻子、小米、豆类、小麦、黄米和高粱，这些是人类的重要食品。

【解读】我们通常以“五谷”“六谷”“百谷”作为粮食作物的总称，其中以“五谷”或“五谷杂粮”的称谓最为常见。据权威资料显示，人类在十万年前的石器上观察到高粱的痕迹，说明五谷孕育了人类十多万年。

“五谷”这个词语出现于春秋战国时期的《论语·微子》。说的是，子路跟随孔子出行，落在了后面，遇到一个用拐杖挑着除草工具的老丈。子路问道：“你看到我的老师了吗？”老丈说：“四体不勤，五谷不分，孰为夫子？”说完，便扶着拐杖去除草。子路回去将此事告诉孔子，孔子说那老丈是一位隐者。对于“四体不勤，五谷不分，孰为夫子”这句话，有两种不同的理解：一种理解是，这句话表示老百姓对知识分子的批评，不会劳动，连五谷都分不清楚，还当什么老师呢？一种说法是，老丈自述自己忙于劳动，没功夫关心谁是老师。笔者联系前后文和当时的情景，揣摩这句话暗含的意思是这样的：（从事脑力劳动的人）不会体力劳动，甚至连五谷都分不清楚，（从事体力劳动的人却懂得栽种五谷的知识和技术，）到底谁是你的老师呢？这是否意味着老丈是借这个机会启发子路，尺有所长寸有所短，不一定只有知识分子才是老师？这跟孔子的“三人行，必有我师焉”的思想是一致的，正因为这样，孔子才认定他是个“隐者”。新中国领袖毛泽东同志就十分重视让知识分子向广大人民群众，包括向农民学习。

长期以来，中国社会是农业为主的社会。我们知道，中国古时候有“万般皆下品，唯有读书高”的说法，但知识分子对于劳动人民的同情也是由来已久的，比如《诗经》《汉乐府》以及王建、韩愈、柳宗元、白居易、李贺等的诗歌中都有大量悯农主题的作品。大家熟知的李绅的《悯农》，更是触动了无数人的心灵，激发起人们珍惜粮食、尊重农民的感情。事实上，不论是体力劳动者还是脑力劳动者，不论是“治人”者还是“治于人”者，在人格上都应该是平等的，彼此之间都应相互尊重。可惜的是，直至今日，一些饱食终日的人，对于栽种“五谷”的农民仍然不够尊重，最为直接的表现就是对粮食的浪费。

“国以民为本，民以食为天。”粮食既是关系国计民生和国家经济安全的重要战略物资，也是人民群众最基本的生活资料。不论是在农业社会还是在工业社会，粮食安全都与社会的和谐、政治的稳定、经济的持续发展息息相关。自二十世纪八十年代以来，以家庭承包经营制度为主要内容的中国农村改革，提升了数亿农民的生产积极性，使他们摆脱了贫困。近十年来中国粮食连续增产成绩的取得，都与中国家庭农业生产方式有关。中国国务院总理李克强 2014 年 10 月 15 日访问联合国粮农组织总部时发表的题为《依托家庭经营推进农业现代化》的演讲谈到了这一经验。中国在推进农业现代化的进程中，坚持强调家庭经营在农业中的基础性地位，并在此基础上推进多种形式的农业经营方式创新，于确保粮食安全意义重大。同时也应注意，当下中国的工业化、城镇化进程在不断加速，水平在不断提高，传统意义上的农民不断转移到城镇生活，一些地方农业用地正遭到蚕食，从事农业生产的劳动力在减少，加上气候等多方面的原因，粮食生产面临安全危机。因此笔者呼吁，农业的基础地位、农民的基本权利、农村的生态环境、粮食的安全生产，任何时候都不能忽视！

29. 马牛羊，鸡犬豕。此六畜，人所饲。

【译文】马、牛、羊、鸡、狗和猪，这叫六畜，是人所饲养的。

【解读】远古时期，我们的祖先根据自身生活的需要和对动物世界的认识程度，选择了马、牛、羊、鸡、狗和猪进行饲养驯化，经年累月将其驯化成为家禽家畜。《中国农业百科全书·农业历史卷》指出，中国是世界上最早将野猪驯化为家猪的国家；也是世界上已知最早养鸡的国家；犬是中国最早驯养的家畜；马是中国历史上最重要的役畜之一，被奉为六畜之首，中国是世界上最早养马的国家之一；牛是中国最早驯养的动物之一，包括黄牛、水牛、牦牛三大类；羊也是中国最早驯化的动物之一，包括绵羊和山羊，中国是家羊起源地之一。

据资料介绍，远古的祖先饲养六畜，并不全是为了日常食用的。《三字经训诂》中说："牛能耕田，马能负重致远，羊能供备祭器，鸡能司晨报晓，犬能守夜防患，猪能宴飨速宾。"马和牛只吃草料，却担负着繁重的体力劳动，是人们生产劳动中不可或缺的好帮手；性格温顺的羊，在古代象征着吉祥如意，人们在祭祀祖先的时候，羊是第一祭，羊更有"跪乳之恩"。因此，马、牛、羊这三种家畜被列为上三品，很受人尊重。牛马等工作动物还受到法律保护，据《唐律疏议》记载，唐律上有诸多条款明文规定不得伤害牛马等牲畜，例如，唐律卷第十五中有二十多款是关于动物的。其中一款"受官羸病畜产"规定：负责照顾治疗官用牲畜的人，如果对这些动物的治疗照顾方法不符合当时有关规定，要受到笞三十的惩罚；因为医疗照顾不当而导致病畜死亡的，惩罚加重，四十笞。另一款“乘官畜脊破领穿”规定：人们使用牛、马、骆驼、骡、驴这些动物过度而造成伤害，如造成牛马的项颈破裂疮伤，要根据伤口大小轻重程度，受到笞二十至笞五十的严惩。故意杀害官用或者私人马牛的人，应被判处一年半的徒刑。即使是主人自己故意杀害自己的马牛，也要被判处一年的徒刑。由此可见，中国反虐待动物的法律，比西方最早的系统的反虐待动物法——英国的《反虐待动物法》（1822年），早了一千多年。六畜中的鸡、狗主要用于报晓、看护。直至上世纪七十年代，笔者家乡人家的狗老死以后，当地农民也是将其焚香礼葬的。只有猪，除了吃和睡，整天无所事事，所以最终以死献身。即使是杀猪为食，也不是时常如此的，而是过年才杀一次猪而已，而且在杀猪之前，也要烧香祈祷，祈求被杀的猪放下怨恨，往生善道，再不受畜生之苦。若干年来，六畜世世代代与人和平相处，关系密切。中国民间还有“畜比人同”的说法，就是说畜生跟人一样，都是有感情有灵性的，提醒人们要善待动物，尤其是要善待家畜。记得笔者八十年代上大学期间到苗族地区采风，见到那里的一些村民人畜共住，除了生活条件的原因外，也与人们对于动物的感情有关。

生活条件越来越好的当今时代，饮食结构发生了很大变化，肉食成为不少人的主食。六畜当中，原本用于运输、耕作的马、牛，用于报晓的鸡，用于看家护院的狗，也被用作食材了。为了满足人们过量的肉食需求，动物蓄养过程中采用食品添加剂，采取违背家畜自然生长的方式，导致肉食当中残存不少有损健康的元素，引发种种疾病。这种现象，已经引起部分科学家和养生专家的警觉。为了身心与环境健康，世界上早有素食主义的流行，而我们中华传统文化中提倡素食也是由来已久。真正爱护自己、爱护动物的人们，不妨尝试一下。

30. 曰喜怒，曰哀惧。爱恶欲，七情具。

【译文】喜、怒、哀、惧、爱、恶、欲，这七种情志是每个人都有的。

【解读】七情六欲，人人都有。关于七情六欲的具体内容，有两种说法：一种是《礼记·礼运》：“七情：喜怒哀惧爱恶欲。六欲：生死耳目口鼻。”另外一种是中医上的喜、怒、忧、思、悲、恐、惊七情和佛典所指的凡人对异性所具有的六种欲望：色欲、形貌欲、威仪姿态欲、言语音声欲、细滑欲、人相欲；或指眼、耳、鼻、舌、身、意对其所对应的六尘境界的贪着。现在我们所用“七情六欲”一语，泛指人的情绪、欲望等。

传统中国人一般都是比较内敛的，不像很多西方人那样容易激动，容易将情绪表现在明显乃至夸张的外表上。这与我们的文化传统有关。有人总结中华文化是中和文化，就是遵循中庸之道。

《中庸》第一章这样写道：“喜怒哀乐之未发，谓之中；发而皆中节，谓之和。中也者，天下之大本也；和也者，天下之达道也。致中和，天地位焉，万物育焉。”意思是，喜怒哀乐没有表现出来的时候，叫作“中”；表现出来以后符合节度，叫作“和”。“中”，是人人都有的本性；“和”，是大家遵循的原则，达到“中和”的境界，天地便各在其位了，万物便生长繁育了。中国古人通过长期的观察和体验发现，就每一个个体来说，“中和”是一个人本来的状态，也是最佳的状态。能够守中，当然是最好不过的了，即使不能守中，能够将情绪调整到和的范畴，也是可以的。倘若超过中和的界限，就可能会出问题了。拿人的身体来说，过度的情绪反应，将会直接损害身体健康。也就是说，正常情况下，人体的阴阳处于平衡状态，保证机体的各项生理功能的正常。剧烈的情志变化，会使阴阳平衡失调，影响人的气血正常运行，导致气血功能紊乱。正如《素问·举痛论》指出的："百病生于气也。怒则气上，喜则气缓，悲则气消，恐则气下……惊则气乱……思则气结。"中医认为七情分属于五脏，为五脏所主。正常情况下喜为心志，怒为肝志，思为脾志，悲（忧）为肺志，恐（惊）为肾志。情志太过之时，则损伤五脏，喜伤心，怒伤肝，思伤脾，悲忧伤肺，恐惊伤肾。而人的心灵痛苦，根据佛教的开示，则源于对六种凡尘境界的贪着。七情六欲的过度反应，还可能导致人与人之间的矛盾与冲突，导致家庭与社会的不和谐。观察当下的种种矛盾、纠纷乃至于自杀、暴力恐怖事件等等的发生，追根溯源，都与个人心灵不健康、情绪失调直接相关。因此，学习传统文化，重视心理健康和情绪调控，有着非常迫切的现实意义。在中华传统文化几个主要流派中，儒家承认七情六欲的客观存在，但是主张要节制而不能放纵，能将其调和到中和状态最好，这样有利于身心健康和人际和谐；道家主张清心寡欲，这是出于修行的考虑，能够做到清心寡欲，可以让人进入比常人高一层次的生命状态，获得更舒适的生命体验；佛家追求绝欲去忧，能够做到心内心外都不被七情六欲所左右，达到如如不动的境地之时，精神就会到达一种非常自由的境界。

中国传统教育向来重视人的心灵塑造，这种心灵塑造不仅仅是给人讲大道理，而且细致到对人的情绪乃至念头的调控。这样的教育，不仅让人减少了很多不必要的烦恼，使人体验到平和宁静乃至超越常情的愉悦，而且营造了和谐的人际关系，给家庭和社会乃至世界和平做出了无声的奉献。

31. 青赤黄，及黑白。此五色，目所识。

【译文】青、赤、黄、黑、白，这五种颜色是人们的肉眼能够识别的。

【解读】这是关于颜色的知识。从自然科学的角度来说，颜色是通过眼、脑和我们的生活经验所产生的一种对光的视觉效应，我们肉眼所见到的光线，是由波长范围很窄的电磁波产生的，不同波长的电磁波表现为不同的颜色，对色彩的辨认是肉眼受到电磁波辐射能刺激后所引起的一种视觉神经的感觉。

从人文科学的角度看，颜色有着丰富复杂的内涵。在长期的生活习俗和文化传统的熏染下，各个民族都给颜色赋予了相同或者相异的意义。比如，在中国古代汉民族的传统观念中，“黄”色是中央之色，帝王之色，代表着权势、威严，如“黄袍”是天子的“龙袍”，“黄榜”是天子的“公告”；而在西方文化中的黄色表示卑鄙、胆怯、令人讨厌、忧郁等含义，这是因为黄色让人联想到背叛耶稣的犹大，他当时穿的衣服是黄色；人们称不健康的刊物为“黄色刊物”，据说是源于美国的《纽约世界报》和《纽约新闻报》为争取销路而先后连载的以“黄孩子”为主人公的煽情而又耸人听闻的漫画专栏；现代汉语中黄色的贬义用法，乃是受西方文化的影响。又如中国自古以来就崇尚红（赤）色，过年过节要贴红对联、红福字、挂大红灯笼，结婚要贴红喜字、给新娘穿红嫁衣、盖红盖头；红色代表着顺利和成功，生意兴旺称为“红火”，分配利润叫“分红”；红色还象征着革命和进步，中共最初的政权叫“红色政权”，最早的武装叫“红军”，国旗、国徽的主色也都是红色。而在西方人的观念里，红色总是和“暴力革命与危险”联系在一起；红色对西方人也意味着“赤字、亏损”。再如白色在中国传统文化中象征着悲伤，如亲人去世后，家属要穿白色孝服，布置以白色为主色调的灵堂；白色也象征着失败，战争中打了“白旗”就表示投降。而在西方人眼中，白色则有纯洁美丽、可爱动人的意思，英美国家中，新娘要穿白色的结婚礼服，戴白色的头纱，手捧白色的鲜花。有趣的是，黑色在东西方文化中，却有着更多的相同处。比如从贬义角度，都认为黑色象征邪恶、反动、死亡、凶兆、灾难，如“黑帮”“黑窝”“黑手”“黑市”；从褒义角度，又都认为黑色象征庄重、威严和尊贵，如秦始皇着的是黑色龙袍，中国民间传说中的“黑脸包公”“黑李逵”，都是令人佩服的角色；而黑色西装、黑色礼服则是西方人最崇高的传统服装。

中国传统文化中的“五色”，有着更为丰富的内涵和用途。比如上古时代帝王就以五种颜色的服装来确定官位秩序，明清时又明文规定，只有皇室的宫室、陵墓建筑及奉旨兴建的坛庙才准许使用黄色琉璃瓦。在五行学说中，五色与五方相匹配，东方谓之青，南方谓之赤，西方谓之白，北方谓之黑，地谓之黄；与五脏相匹配，青属木属肝，赤属火属心，黄属土属脾，白属金属肺，黑属水属肾。《史记·扁鹊仓公列传》中载：“五色诊病，知人死生，决嫌疑，定可治。”《医宗金鉴·幼科杂病心法要诀·察色》中载：“欲识小儿百病原，先从面部色详观，五部五色应五脏，诚中形外理昭然。”就是说中医通过观色可以诊断并治疗疾病。

五色虽然给予我们五彩的生活、五彩的思想，但也可能对我们产生纷繁的诱惑，所以《老子》特意告诫世人：“五色令人目盲。”这是提醒我们定住心神，预防迷失与堕落。

32. 酸苦甘，及辛咸。此五味，口所含。

【译文】酸、苦、甘、辛、咸，这五种味道，是我们口里面所能尝到的。

【解读】对于五味的识别，是人的味觉器官的基本功能。在日常的饮食生活中，通过味觉器官的识别，人们发现五味之中以甘味食物最多，咸味与酸味次之，辛味更少，苦味最少。甘味食物：米面杂粮、蔬菜、干鲜水果、鸡鸭鱼类等；酸味食物：西红柿、山楂、葡萄、杏、柠檬、橙子等；辛味食物：生姜、大葱、洋葱、辣椒、韭菜等；咸味食物：海产品、猪肉、狗肉、猪内脏等；苦味食物：苦瓜、苦菜等。

当初，人们只是在食物中客观地感知到五味的存在。慢慢地，人们在比较和习惯中，就对五味产生了偏好，渐渐从主观上对五味加以选择和调配，形成了不同风味的饮食习俗和菜系风格，乃至种种饮食文化兴盛起来。中央电视台 2012 年播出的美食类纪录片《舌尖上的中国》，通过中华美食的多个侧面，来展现食物给中国人的生活带来的仪式、伦理等方面的文化；见识中国特色食材以及与食物相关、构成中国美食特有气质的一系列元素；了解中华饮食文化的精致和源远流长。片子播出后受到观众广泛追捧，2014 年又播出续集。从中我们可以看到中国饮食文化的丰富多彩。但是笔者想说明一点，追求美食美味自然是人之常情，无可厚非，但以中国传统哲学的智慧来看，任何事情都以保持中道为好。《老子·第十二章》中有这样一段话："五色令人目盲；五音令人耳聋；五味令人口爽；驰骋

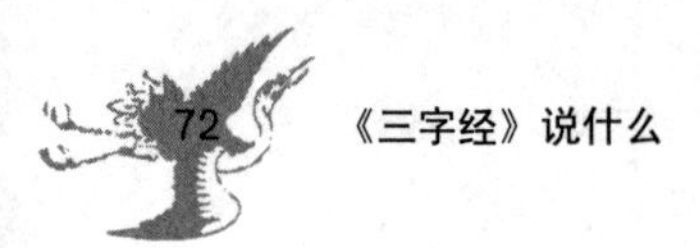

畋猎，令人心发狂；难得之货，令人行妨。”“五味令人口爽”，就是指各种美味吃得多了，味觉会丧失。又如《淮南子·精神训》也说：“五味乱口，使口爽伤。”这里“爽”的意思就是损伤、败坏。老子这一段话，意在提醒世人，不可贪图身体享受，从而导致最终的败亡。人如果过度追求感官上的享受，还可能导致智能方面的偏废畸形，导致认知力、思考力、判断力、抉择力等方面的失误，我们观察那些智慧超常的古圣先贤，他们的生活多是简朴清淡的。清心寡欲的人不仅不会为了满足自己过分的嗜好而伤害物命，他们自己也时常处于一种轻松愉悦、超然物外的生命状态当中，这是任何一种感官享受都不能代替的幸福。

从长期的生活实践中，我们的祖先还发现了药物的滋味与药效之间有着密切的联系和对应性，如：多甘味能补虚缓急；多酸味能敛肺涩肠；多苦味能降泄燥湿；多咸味能软坚散结；多辛味能发表行散。中医认为，询问一个人偏好哪种味道，便能判断他的病的来由和所在。早起，若感觉口有酸甜苦辣咸，分别表示肝脾心肺肾有病起。中医经典《灵枢经》的第五十六篇篇名就叫《五味》，讨论的是谷、菜、果、畜中的五种性味，各分别先入不同的脏腑而发挥补益作用，以及五脏有病各有宜忌之味，这些都是药疗和膳疗的基本理论原则。

从酸甜苦辣等味觉体验，迁移到整个人生际遇，便是精神、情绪方面的体验。每个人的一生都充满了酸甜苦辣。在品尝食物的时候，有人全情投入，各种味道都想品尝一番，哪怕遭受种种味道的刺激或折磨也在所不惜；有人却十分挑剔，只要那种爽口适意的味道。其实，面对人生百味也可如此，既可以兴致勃勃地一一品尝，也可以有选择性地品尝少许。所谓选择，就是从意识中淡化、忘掉那些不喜欢的味道，留住那些适意的味道，还可以不被味道左右，始终处于愉悦境界——当然，这需要修炼。

33. 膻焦香，及腥朽。此五臭，鼻所嗅。

【译文】羊膻味、烧焦味、香味、鱼腥味和腐朽味，这五种臭味，是我们的鼻子可以闻出来的气味。

【解读】这是介绍我们嗅觉器官所能辨别出来的气味。用现代科学语言来表达，所谓气味中的气，就是气体，挥发物，它是一种物质，通常是小分子，所以容易变成气体。味是感官感知，相当于传感器，是指分子作用在感官（传感器）表面后产生物理量的改变（物理量可以是电、磁、光、长度或体积、离子流、分子流等等），产生的信号通过神经传到大脑。所以，气味不是指一种物质，而是物质之间相互作用的过程。

气味是物质最重要的特征之一，最能代表物质的本质。嗅觉是生命的守护神，是辨毒工具，是接收信息的主渠道。嗅觉现象已经引起科学家的高度重视。根据资料介绍，目前科学界正在筹建气味学。气味学就是专门研究生物界如何利用嗅觉谋生的科学。从人类目前已经掌握的有关气味的全部学问来看，“气味学”应包括化学气味学、物理气味学、数学气味学、生理气味学和心理气味学这五门学科。它与生物学、医学、化学等密切相关，属于边缘科学，虽然目前还是个空白学科。

人们基于视觉建立了光学，基于听觉建立了声学，基于触觉产生了物理学，基于味觉与嗅觉的学科却没有建立起来，也许是这两种现象太微妙，太难以把握了吧。但是，中国古人很早就对气味和嗅觉现象加以重视和利用了。比如上古时期，中国人就以熏香的方式驱邪避疫；盛唐时期，将熏香发展成为一种艺术。熏香在古代是非常流行的一种活动，特别是在贵族阶级和文人墨客的生活当中应用广泛，从熏燃、悬佩到涂敷、饮用，乃至用来计时，都反映了古人对“香”的认识以及古人精致的生活情趣。古人精心研制的熏香，具有美化环境、怡神悦心、安神开窍、养生祛病等功效。而在中国的饮食文化中，讲究色香味的合理调配，这个“香”不仅仅是指香味，而是指嗅觉对各种气味的感受。又如在中医诊断学中，有望、闻、问、切四种基本诊断方法，其中的闻诊，就包括听声音和嗅气味两个方面，就是通过听患者语言气息的高低、强弱、清浊、缓急等变化，以及嗅病人口腔和身体散发出来的各种气味，来分辨病情的虚实寒热。中国古人还将金、木、水、火、土五行配属五臭，以区分五臭的五行属性。据《吕氏春秋通诠》载：“五行配五臭”，谓膻属木、焦属火、香属土、腥属金、朽属水。根据五行医学原理，中医通过相应的食疗、药疗乃至其他治疗方法，可以有效地调理病人的身心。

说到嗅觉，我们常常想起一种常识，说犬类的嗅觉比人类要强很多倍。其实，对于同一种气味物质的嗅觉敏感度，不同的人也是有很大差别的，有的人甚至缺乏一般人所具有的嗅觉能力，我们通常称之为嗅盲。就是同一个人，嗅觉敏锐度在不同情况下也有很大的变化，如某些疾病对嗅觉就有很大的影响，感冒、鼻炎都可以降低嗅觉的敏感度。环境中的温度、湿度和气压等的明显变化，也都对嗅觉的敏感度有很大的影响。“嗅觉”两个字还具有一定的抽象含义，如直觉、政治嗅觉等，泛指人们对某些事物或政治的敏感程度。不论是具体意义上的嗅觉还是抽象意义上的嗅觉，我们既要保持一定的敏感度，也不必过于敏感。如果过于敏感，可能会让你被外境所牵制，丧失了自主与安宁的心境。

34. 匏土革，木石金。丝与竹，乃八音。

【译文】匏瓜、粘土、皮革、木块、石头、金属、丝线与竹子，这些制造乐器的材料，称为“八音”。

【解读】音乐是反映人类现实生活情感的一种艺术。从历史发展上可分为东方音乐和西方音乐。中国音乐是人类历史上起源最早的音乐之一。根据考古发掘和史书记载，我们的祖先大约在7000年前就已经能用禽骨和陶土制作出骨笛和陶埙这样的吹奏乐器。到伏羲时代，已经能发明丝弦乐器，如古琴和瑟，黄帝时代已有笙簧创制和音律理论出现。传说伏羲、神农都是了不起的音乐家。西周时已将当时的乐器按制作材料，分为金（钟、镈、铙）、石（磬）、丝（琴、瑟）、竹（箫、篪）、匏（笙、竽）、土（埙、缶）、革（鼗、雷鼓）、木（柷、敔）八类，这是中国历史上最早的乐器科学分类法。世界上最早的弦乐器是中国的古琴，亦称瑶琴、玉琴、七弦琴，是在周朝就已盛行的乐器，本世纪初才被称作“古琴”。《诗经·关雎》有“窈窕淑女，琴瑟友之”，《诗经·小雅》亦有“琴瑟击鼓，以御田祖”等记载，可见琴在中国有着悠久的历史。

中国的民族音乐艺术在世界音乐艺术中独具特色：首先，从音乐的构成上说，中国音乐是以五声调式（即宫、商、角、徵、羽这五个音组成的调式，类似于简谱中的1、2、3、5、6）为基础的音乐，民族音乐中的六声调式和七声调式是在五声调式的基础上发展起来的。所以过去经常有人把唱歌不准的人称为“五音不全”。其次，在音乐的表现形式上，中国音乐注重音乐的横向进行，即旋律的表现性，在艺术风格上，讲究旋律的韵味处理，强调形散神不散。再次，中国传统音乐与舞蹈、诗歌等姊妹艺术也有着密切的关系。在古代，音乐一般都离不开舞蹈，如远古时期的《六代乐舞》、唐朝的歌舞大曲以及唐宋以后兴起的戏曲音乐都体现了音乐与舞蹈的结合。另外，中国的民族声乐艺术在演唱方法上也很有特色，我们通常称之为“民族唱法”，其特点是强调声音的明亮与甜美，语言的生动与感情的质朴，强调行腔的圆润和咬字吐字的清晰，讲求气息的运用，并以真声演唱为主。中国的戏曲唱法也是民族唱法的一种，不同的戏曲有不同的演唱方法，其中以京剧的唱法最有代表性，其唱法复杂多变，真假声并用，方法考究，是世界上特色鲜明的演唱方法之一。

由于音乐与人的听觉器官直接相关，而各种感觉器官又存在着密切的联系，音乐的震动效应可以影响人的气血运行，声乐的发声动作可以直接影响经络运行，所以音乐与健康有着十分密切的联系。中国古人根据阴阳五行理论，把五音（宫、商、角、徵、羽）与人的五脏（脾、肺、肝、心、肾）和五志（思、忧、怒、喜、恐）有机地联系在一起，发明了“五音疗法”。《黄帝内经》中记载：“肝属木，在音为角，在志为怒；心属火，在音为徵，在志为喜；脾属土，在音为宫，在志为思；肺属金，在音为商，在志为忧；肾属水，在音为羽，在志为恐。”具体说，宫调乐曲，悠扬和谐，助脾健运，旺盛食欲；商调乐曲风格高亢悲壮、铿锵肃劲，善治躁怒，使人安宁；角音调畅平和，善消忧郁，助人入眠；徵音抑扬咏越，通调血脉，抖擞精神；羽音柔和透彻，发人遐思，启迪心灵。这些都是值得深入挖掘和发扬光大的宝贵文化遗产。

35. 曰平上，曰去入。此四声，宜调协。

【译文】平、上、去、入，这四种声调，运用的时候应和谐调顺。

【解读】四声是中古汉语声调的四种分类，以表示音节的高低变化，包括平声、上声、去声和入声。平声、上声、去声又称舒声，入声则为促声。舒声韵尾以元音或者鼻音结尾，促声韵尾以塞音结尾。入声除了是一个声调，还是一系列以塞音收尾的韵母的统称。唐宋以来，汉语在四声的基础上区分声母清浊对应的阴调和阳调形成八声，也就是四声八调。现代普通话已经失去了入声，普通话字音声调的阴平、阳平、上声、去声四声是由古四声演变而来的。

汉语是一种优美的语言，汉语声韵之学是一门独特的学问。中国古人对于声韵的运用相当考究。历代文人利用声韵之美创作了大量脍炙人口的诗词歌赋，成为世界文学宝库中独树一帜、不可替代的风景。

声韵一般是指句尾押韵，而句尾压韵有压平声韵和仄声韵之分。可以是整首诗都压同一个韵，也可以只有第二句和第四句压同一个韵，也可以第一、二、四句都压同一个韵。平声即阴平、阳平，仄声是上声、去声。压阴平、阳平韵的是平声韵，压上声、去声的是仄声韵。两千多年来一直薪火相传，至今仍具有强大的生命力的诗词和对联，其基础技能就是对声韵的把握。在古代，自私塾的幼童起，就开始对声调、音律、格律等语言技能进行严格训练。因此，一些声律方面的著作也应运而生，其中清朝康熙年间车万育所作的《声律启蒙》，则是其中较有代表性的一种。《声律启蒙》按韵分编，包罗天文、地理、花木、鸟兽、人物、器物等的虚实应对。"云对雨，雪对风，晚照对晴空。来鸿对去燕，宿鸟对鸣虫。三尺剑，六钧弓，岭北对江东。人间清暑殿，天上广寒宫。两岸晓烟杨柳绿，一园春雨杏花红。两鬓风霜，途次早行之客；一蓑烟雨，溪边晚钓之翁。""行对坐，醉对醒，佩紫对纡青。棋枰对笔架，雨雪对雷霆。狂蛱蝶，小蜻蜓，水岸对沙汀。天台孙绰赋，剑阁孟阳铭。传信子卿千里雁，照书车胤一囊萤。冉冉白云，夜半高遮千里月；澄澄碧水，宵中寒映一天星……"从单字对到双字对，三字对、五字对、七字对到十一字对，声韵协调，琅琅上口。从单字到多字的层层属对，读起来，如唱歌一般。熟读乃至背诵、默写它，不仅能得到语音、词汇、修辞的训练，还能了解很多自然科学知识和历史人物典故等等。明清以来，如《训蒙骈句》《笠翁对韵》等书，都是采用这种方式编写，并得以广泛流传。为了方便今人使用声韵，学术界做了一些声韵改革的尝试，有《诗韵新编》、《中华新韵》（十八韵）、《中华新韵》（十四韵）、《中华今韵》等著作问世。其中《中华新韵》（十四韵）将汉语拼音的35个韵母，划分为14个韵部：麻波皆开微豪尤，寒文唐庚齐支姑；《中华今韵》依据《汉语拼音方案》将普通话39个韵母划分成19个韵部，是一本汇集很多词语的声韵书。

随着时代的发展，语言也在不断的变化当中。近年来，一种有别于传统平面媒介的语言形式——网络语言发展神速，其中也涉及到音韵变异，比如把"我"叫"偶"，把"他"叫"特"，把"什么"叫"虾米"或"神马"，把"同学"叫"童鞋"等等。对于这种语言现象，我们不好做过多评价。个人认为，在承认现实的前提下，我们还是希望大家提高对祖国语言文字规范性的重视，提高对中华语言文明的敬重之情。

36. 高曾祖，父而身。身而子，子而孙。自子孙，至玄曾。乃九族，人之伦。

【译文】由高祖父生曾祖父，曾祖父生祖父，祖父生父亲，父亲生我本身，我生儿子，儿子再生孙子。由自己的儿子、孙子再接下去，就是曾孙和玄孙。从高祖父到玄孙称为“九族”，这“九族”代表着人的长幼尊卑秩序和家族血统的承续关系。

【解读】传统中国，家族观念相当深刻，特别重视长幼尊卑秩序和家族血统传承。对于长辈和祖先的敬重，对于晚辈和后代的关爱，是一种本乎自然、符合人性的情感和行为。过去，有点文化的家庭，都有家谱；没有文化的家庭，也都会凭着记忆记住自己祖先的名字。孩子小的时候，就让他们知道自己的祖先是谁，起码从高祖记起。以前很多家庭都是四代或五代同堂，而同一家族的人往往聚族而居，往往一个村落就生活着一个姓，比如张家庄、李家村，就是以家族的姓命名的。

为了缅怀、纪念、祭祀祖先，古代还建立家庙，称为祠堂。祠堂除了用来供奉和祭祀祖先，还具有多种用处。祠堂也是族长行使族权的地方，凡族人违反族规，则在这里被教育和受到处理，直至驱逐出宗祠，所以它也可以说是道德法庭；祠堂也可以作为家族的社交场所；有的宗祠附设学校，族人子弟就在这里上学。祠堂多数都有堂号，堂号由族人或外姓书法高手所书，制成金字匾高挂于正厅，旁边另挂有姓氏渊源、族人荣耀、妇

女贞洁等匾额，讲究的还配有对联。如果是皇帝御封，可制“直笃牌匾”。祠堂内的匾额之规格和数量都是族人显耀的资本。有的祠堂前置有旗杆石，表明族人得过功名。解放后特别是文化大革命期间，北方地区的祠堂基本都被推倒砸烂或改造成了办公场所等。祖宗牌位包括有些藏于其中的家谱等皆被焚烧破坏，如今北方已难见祠堂，不知祠堂为何、作何之用者比比皆是。而南方浙江、江西、安徽、广东、福建等较为重视传统的地区则有较多的祠堂得以保存。

随着社会的变革和时代的变迁，家族观念越来越淡化，家庭结构越来越简单，家族成员间的情感越来越淡化，家族间的温暖越来越少。这种时候再来回顾和重新审视传统，可谓感慨万千。曾几何时，我们把祭祀祖先、供奉祖先牌位等习俗作为封建迷信加以批判，将进行家祭和家规教育以及家族聚会的祠堂加以毁坏，这种被标榜为“革命”的行为，在“解放人性”的同时，也抛弃了很多优秀的传统，纵容了一些人的暴戾之气。由于缺乏正统、权威的家规教育，没有恭敬、虔诚的礼敬心态，少了有序、仁爱的家族氛围，导致整个社会的和谐程度大打折扣。

家庭是社会的细胞，家庭的和谐是社会和谐的基础。传统中国是将修身、齐家、治国、平天下一以贯之的，修身就是修身养性，全面提升个人素质；齐家就是管理好家族、宗族；治国就是治理好一方疆土；平天下就是安抚天下黎民百姓，使他们能够丰衣足食、安居乐业，实现天下太平。虽然如今时代不同了，家庭结构、社会结构与传统社会大不一样，但是这样的理念仍然没有过时。倘若我们都能重新提起崇敬祖先的虔诚，努力营造和睦家族的温馨，人人实践尊老爱幼的美德，从和睦家庭、和顺家族做起，我们的社会必然越来越安宁祥和！

37. 父子恩，夫妇从。兄则友，弟则恭。长幼序，友与朋。君则敬，臣则忠。此十义，人所同。当顺叙，勿违背。

【译文】父子之间重恩情，夫妻之间讲和顺，兄对弟要友爱，弟对兄要尊敬。年长的和年幼的交往有次序；朋友相处讲信用。领导礼敬下属，下属忠于上司。这十义，是人人都应遵守的，千万不能违背。

【解读】这里讲的十义，跟《礼记·礼运》里的十义是一致的：父慈、子孝、兄良、弟悌、夫义、妇听、长惠、幼顺、君仁、臣忠。就是要求做父母的要慈爱，做子女的要孝敬，做兄长的要友善，做弟弟的要恭敬，做丈夫的要仗义，做妻子的要温顺，年长的要关怀年幼的，年幼的要顺从年长的，做领导的要尊重下属，做下属的要忠于领导。

曾几何时，十义的观念被当作封建糟粕加以批判和扫除，如果说这是特定历史时期的特殊需要的话，那么，在和平时期，恢复十义的观念也是符合情理的。抛开一切“主义”“理论”的束缚不谈，凭心而论，对于每一个希求幸福、渴望平安的人来说，谁不希望自己的父母慈爱、子女孝顺、兄长友爱、弟弟恭敬、丈夫有义、妻子有情、长者有爱、幼者懂礼、领导仁爱、下属忠诚呢？既然这是人人心中都在向往和希求的，那就说明它符合人性的自然天理，如果人为地去破坏它、抛弃它甚至践踏它，这不是伤天害理、自戕自残吗？看看过往历史和当今时代，凡是家庭不和、社会混乱、

争斗残杀局面的出现，不都是因为有相当一部分人不遵守十义规范所导致的吗？再去观察中国历史上那些太平盛世，不论是王公贵族还是平民百姓，遵守十义都是自觉自愿的。

在传统社会，十义的规矩首先从家庭教起，从家庭做起。一个人从童蒙时代就扎下十义的根，这个人就是一个和谐的种子，他的一生或许未必叱咤风云，但必定是幸福平安的；他的家庭未必富贵荣华，但必定是幸福美满的；他的企业未必显赫耀眼，但必定是和谐温馨的。当今社会，由于受到西方价值观的影响，整个社会价值观、人生观、幸福观呈现多元状态，传统十义的观念受到强烈冲击。相当一部分人追求个人独立自由，忽视家庭社会责任；追求物质占有享乐，忽视精神安宁祥和。很多人在获得短暂快感之后，却不得不品尝长久的迷茫、不安与痛苦。今天我们追求幸福和梦想，继承和推广十义的美德，不仅没有过时，而且很有必要，但这其中却也存在困惑。原因在于，虽有不少人对十义观念心向往之，却不愿从自己和自己的家庭开始实践，总是希望别人实践，他来享福。做父母的希望子女孝顺，但不一定能给子女足够的慈爱；做子女的希望父母慈爱，却不大想去尽孝顺父母的责任；做朋友的总希望别人对他守信用多支持，却未必愿意对别人守信用多帮助；做丈夫的总希望妻子对自己言听计从，却未必能给妻子足够的恩义情义；做领导的总希望下属对自己忠心耿耿，却未必愿意给下属足够的礼遇；做下属的总想领导能给自己更多的好处，却未必愿意付出更多的劳动和忠诚。以这样的心态对待传统文化，永远得不到益处，当得不到的时候，又会对传统文化丧失信心。这就是当下我们面临的精神困惑之一。要解决这种困惑，唯一的途径就是“反求诸己”，凡事都从自己检点起来，从自己行动起来，只要求自己，不要求别人，久而久之，必定受益。

38. 斩齐衰，大小功。至缌麻，五服终。

【译文】斩衰、齐衰、大功、小功和缌麻，这是中国古代亲族中不同的人死去时穿的五种孝服。

【解读】“五服”制度是中国礼治中为死去的亲属服丧的制度。它规定，血缘关系亲疏不同的亲属间，服丧的服制不同，据此把亲属分为五等，由亲至疏依次是：斩衰、齐衰、大功、小功、缌麻。

斩衰，“衰”（读作“催”）就是不缝缉的意思。一般由最粗的生麻布制成，裁剪处外露，不予缉边。凡诸侯为天子、臣为君、男子及未嫁女为父母、媳对公婆、承重孙对祖父母、妻对夫，都要穿斩衰，是最重的孝服。

齐衰，是用本色粗生麻布制成的。自此制以下的孝衣，凡剪断处均可以收边。孙子、孙女为其祖父、祖母穿孝服；重子、重女为其曾祖父、曾祖母穿孝服；为高祖父、高祖母穿孝服均遵“齐衰”的礼制。

大功，是用粗熟麻布制作的，质料比“齐衰”用料稍细。为伯叔父母、为堂兄弟、未嫁的堂姐妹、已嫁的姑、姐妹，以及已嫁女为伯叔父、兄弟服丧都要穿这种“大功”丧服。

小功，是轻于“大功”的丧服，是用较粗的熟麻布制作的。这种丧服是为从祖父母、堂伯叔父母、未嫁祖姑和堂姑、已嫁堂姐妹、兄弟之妻、从堂兄弟、未嫁从堂姐妹，以及外祖父母、母舅、母姨等服丧而穿的。

缌麻，是用稍细的熟布做成的。现在大多用漂白的布做成，称为“漂孝”。凡为曾祖父母、族伯父母、族兄弟姐妹、未嫁族姐妹，和外姓中表兄弟、岳父母穿孝都用这个档次。

五服之外，古代还有一种更轻的服丧方式，叫“袒免”。在史籍中记载：朋友之间，如果亲自前去奔丧，在灵堂或殡葬时也要披麻；如果在他乡，“袒免”就可以了。袒，是袒露左肩；免，指不戴冠，用布带缚髻。

我国古代非常重视丧礼，这既是对生命的尊重，也是对后代的教育。在丧礼期间，亲戚之间共同凭吊逝者，表达对前人的感恩和缅怀之心，人与人之间的感情得到合理的宣泄与表达。在丧服中，习惯上以五服以内为亲，五服以外为疏，虽然有血统亲疏的等级之分，但客观上，这样的礼制，对于维护家族和睦团结，也起到了很大的作用。

如今，不少的丧事丧礼，已经没有了悲戚肃穆的感觉，更缺乏教化后代的功能，有的甚至把丧事办成了“喜事”，麻将娱乐乃至唱歌跳舞成为丧事中的主要活动，还有的把丧事当作聚敛钱财的机会。也有不肖子孙为了争夺遗产而亲子相残的，亲戚之间的感情，也被利益之类的东西所冲淡，有的人甚至为了争夺利益或满足欲望而不顾亲情，做出一些破坏感情乃至伤天害理的事来，这让人很是感慨。

《弟子规》说“丧尽礼，祭尽诚；事死者，如事生”。对于逝去的亲人，关键是要有一颗诚敬之心。古人认为人虽然死了，但是他们的灵魂永远眷顾着后人，虽然前人不在了，但是对于他们的恩德，要永远牢记在心。同时，要对自己的言行加以约束，这样才能让前人的在天之灵得以安息。不管灵魂是否真的存在，不管时代如何变迁，对于前辈的养育教育之恩，是任何人都不应忘记的。

39．礼乐射，御书数。古六艺，今不具。

【译文】礼节、音乐、射箭、驾车、书法和算数是古代读书人必须学习的六种技艺，这六种技艺到现在已经没有人能同时具备了。

【解读】开始于公元前1046年的周王朝的贵族教育体系中，周王官学要求学生掌握的六种基本才能，就是这六种：礼、乐、射、御、书、数。

礼：礼节。包括五礼："吉"礼，用于祭祀；"凶"礼，用于丧葬；"军"礼，用于田猎和军事；"宾"礼，用于朝见或诸侯之间的往来；"嘉"礼，用于宴会和庆贺。乐：音乐。古时候最有代表性的是六乐，包括古代最早的礼仪性乐舞《云门大卷》、尧时的《大咸》、舜时的《大韶》、禹时的《大夏》、商时的《大濩》、周时的《大武》。周时保存完整的这六套乐舞，成为六乐，分别在重大的祭祀活动中使用：《云门大卷》用于祭祀天神；《大咸》祭地神；《大韶》祭四望；《大夏》祭山川；《大濩》祭周始祖姜嫄；《大武》祭祀周代祖先。六乐流传到汉代，只有《大韶》《大武》二乐尚存。孔子自称其听过《大韶》，大加赞赏，称其乐舞尽善尽美，"三月不知肉味"。射：射箭技术，包括五射：白矢、参连、剡注、襄尺、井仪。白矢，箭穿靶子而箭头发白，表明发矢准确而有力；参连，前放一矢，后三矢连续而去，矢矢相属，若连珠之相衔；剡注，谓矢行之疾；襄尺，臣与君射，臣与君并立，让君一尺而退；井仪，四矢连贯，皆正中目标。御：驾驭马车的技术，包括五御：鸣和鸾、逐水曲、过君表、舞交衢、逐禽左。行车时和鸾之声相应；车随曲岸疾驰而不坠水；经过天子的表位有礼仪；

过通道而驱驰自如；行猎时追逐禽兽于左面射获。书：书法（书写，识字，文字），包括六书。周礼并未说明，后人猜测可能是：象形、指事、会意、形声、转注、假借。数：算法（计数），东汉的郑玄认为九数包括：方田、粟米、差分、少广、商功、均输、方程、盈不足、旁要。后来出现的《九章算术》长期被作为古代学校的数学教材。

标准的古代“六艺”如今很难见到了，但是“六艺”教育对中国后世的教育影响深远，时至今日，也仍然具有借鉴价值。主要表现在：一是重视礼乐教育。《礼记·文王世子》记载：“凡三王教世子，必以礼乐。乐，所以修内也；礼，所以修外也。礼乐交错于中，发形于外，是故其成也怿，恭敬而温文。”礼乐教育一直列于课程之首位。尤其是西周，西周统治者吸取了夏商灭亡的教训，在重武备的同时，提出了“敬德”“敬礼”的政治主张，以求文治。在课程设置上更是重视礼乐教育。即便是射御两科也逐渐与礼乐教育相关联，要求射御尊礼，合乎礼节。周公还创制了“礼射”制度，以表祭祀之敬、君臣之礼、长幼之序。这种思想为孔子所继承，对后世的课程设置坚持以礼乐教育为核心并逐渐走向人文化产生了一定的影响。二是文武兼备、知能兼求。“六艺”教育之中，礼、乐、书、数之教为文，射御为武，所以“六艺”教育是典型的文武兼备的教育。而且“六艺”教育除了知识教育以外，还包括六种艺能的训练：演礼的技能；乐德、乐语、乐舞的技能；射箭的技能；驾驶战车的技能；书写的技能；计算的技能。“六艺”教育既重视人的品性的涵养，又重视身体的训练和音乐的熏陶，可以说是一种非偏向的课程设置模式。当今的教育偏重知识的传授，体能、技能被设置为“副科”，存在着严重的偏向，这样培养出来的人很难符合人的全面发展的方向，值得反思。

40. 惟书学，人共遵。既识字，讲说文。有古文，大小篆。隶草继，不可乱。

【译文】（现在）只有书法，是每个人都遵从的。认识文字以后，接着讲解《说文》。我国的文字发展经历了古文、大篆、小篆、隶书、草书，各有规律，不可乱套。

【解读】汉字书法是中国特有的一种传统艺术。在“六艺”当中，只有书法的普及面最广。一方面，为了认识和记忆文字，需要依靠书写的手段，而书写应有基本的姿势、规矩、手法、技能等等；另一方面，在印刷术出现以前，记录语言、传递知识，沟通信息，需要通过书写文字的方式进行。

在学习这种基本技能的同时，古人发现，练习书法还是一种修身养性的活动。不同心境之下写出来的字，会给人不同的美感。从一个人的书法作品中，可以看出这个人的心性修养水平乃至其性格特征，比如性格沉稳、心地安定的人，写出来的字必定章法严谨、平和畅达；狂放不羁、自由旷达的人，写出来的字往往风姿多变、龙飞凤舞；意志坚定、刚直不阿的人写出来的字则呈现出刚劲挺拔、劲骨丰肌的特点。所以书法也成为古人考察和选拔人才时的参考依据之一。通过练习书法，可以训练定力，开发智慧，培养气质，渐渐地，书法不仅成为应试、求职需要掌握的基本技能，而且发展成为一种抒发感情、陶冶性情的艺术活动，并逐渐形成系统的书法理论。这些理论闪耀着中国古人的智慧光芒，比如关于书法中如何表现“神、气、骨、肉、血”等范畴的理论，关于笔法、字法、章法等技法的理论以及创作论、品评论等等，都是有着自身的体系的。如今，中国书法成为体现和传递中华传统文化的一种重要载体。随着文化事业的发展和科学技术的进步，书法已不仅仅限于使用毛笔和书写汉字，其内涵已大大增加。如从使用工具上讲，仅笔这一项就五花八门，毛笔、硬笔、电脑仪器、喷枪烙具、雕刻刀、雕刻机、日常工具（主要是指质地比较坚硬的，能用来书写的五金、生活工具）等。颜料也不单是使用黑墨块，还有墨汁、粘合剂、化学剂、喷漆釉彩等，五彩缤纷，无奇不有，品种之多，不胜枚举。从执笔方式上看，有的用手执笔、有的用脚执笔，就是用其他器官执笔的也不乏其人，甚至有的人写字根本就不用笔，如“指书”“挤漏书”等；从书写文种上说，并非汉字一种，有的少数民族文字也登上了书法艺坛，比如蒙文。

书法最初是用来帮助记录和认识文字的，要了解文字的含义、读音、结构等等，《说文解字》是一本不可缺少的工具书。这本书简称《说文》，作者是东汉的经学家、文字学家许慎，成书于汉和帝永元十二年（100 年）到安帝建光元年（121 年）。许慎根据文字的形体，创立了 540 个部首，将 9353 个字分别归入 540 部，540 部又据形系归并为 14 大类。书的正文就按这 14 大类分为 14 篇，卷末叙目别为一篇，全书共有 15 篇。许慎在《说文解字》中系统地阐述了汉字的造字规律——六书：象形、指事、会意、形声、转注、假借，是古人学习的基础性教材。

书法艺术本体包括笔法、字法、章法、墨法、笔势等内容。中国书法有六种主要书体：楷书体（包含魏碑、唐楷），行书体（包含行楷、行草），草书体（包含章草、今草），隶书体（包含古隶、今隶），篆书体（包含大篆、

小篆），燕体。在书法艺术漫长的发展演化过程中，这六种书体各放异彩，自成一派，名家辈出。

中国书法历史悠久，书法艺术异彩迷人，在提笔忘字的电脑时代，重温一下书法艺术，对于修身养性、开智健脑大有益处。

41. 若广学，惧其繁。但略说，能知原。凡训蒙，须讲究。详训诂，明句读。

【译文】如果广泛地学习，恐怕繁复杂乱，让人不得其门而入。但是，概略地解说，便能让你明白根本源头和基本原理。凡是教导刚入学的儿童的老师，教学的每一个细节都要十分讲究，不可马虎从事。在教孩子识字读书的时候，要把每个字、每句话的意义都讲清楚，还要让学童读诵时懂得断句。

【解读】对于好奇心很强的孩子来说，一开始往往什么都想知道，都想学习。但是作为教学者，不可能一下子把所有的知识都教给孩子，就是这样做了，孩子也不一定能够全部接收。真正要弄懂一门学问，是需要有条不紊、循序渐进地学习的。按照正常的教学规律来说，在传授和学习一门功课、学问的时候，一开始不必讲得很艰深很全面，只要概略地介绍一下这门功课、学问所涉及的大致范围，所要解决的主要问题，它的根本源头在哪里，基本原理是什么。把这些纲领性、概貌性、根本性、基础性的东西掌握了，再根据学习者的学习兴趣和求知目标，选择重点方向，进行更加深入系统的教学，才可能取得比较理想的效果。中国传统教学十分重视人文教育，一开始教导孩子认识人伦关系，教育孩子正确处理人际关系，传授他们必要的洒扫应对方面的知识技能。传授书本知识的时候，从识字读经开始。比如《三字经》，学会读诵后要学会识别、书写文字，进一步

听老师讲解每个字的字形、字义、读音，乃至字形、字义、字音的源流变化等等，这样一来，学习的内容就很系统，掌握得也牢固。这里特别强调启蒙老师在教学过程中“须讲究”，就是要求老师对每一个细节都要十分重视。从每一个字、每一句话的意义、读音以及诵读过程中的轻重缓急、迟急顿挫等等，都要准确教授。因为从心理学上讲，人们往往有一种先入为主的习惯，如果一开始教错了，后面要纠正过来很不容易，所以要求一开始就要准确无误。

这里的“训诂”就是解释的意思，主要根据文字的形体与声音，以解释文字意义，即用易懂的语言解释难懂的语言，用现代的语言解释古代的语言，用普通话解释方言。训诂学是汉文古籍释读术，是一门综合性的应用型学科。释读汉文古籍均从词句入手，最终目的是弄懂文本的旨意。训诂学在译解古代词义的同时，也分析古代书籍中的语法、修辞现象。它从语言的角度研究古代文献，帮助人们阅读古典文献。历史上每种语言都在不断地变化，古书中有许多词义或语法已经变化，历史语言学家考证古书中字词的当代意义，以训诂的方法，编著出注疏书籍，对于我们正确理解和学习古典文献很有帮助。近年来，国家提倡大力弘扬中华优秀传统文化，要想真正理解传统文化的精神实质，需要深入原典潜心学习和研究，而训诂学方面的知识技能和工具书，是学习传统文化不可缺少的基础条件。训诂学方面的主要著作有《尔雅》《说文解字》《方言》《方言疏证》《诂训汇纂》等等，可供学习研究古典文献时参考。另外，古文没有现在的标点符号，因此《三字经》要求“明句读”。如果不懂句读，往往会造成误读、误解原意。我们常常会发现，对于同一部经典，同一句古文乃至同一个字词，不同的人会有不同的理解，这就是在“训诂”

和“句读”方面的理解差异导致的。由于古典文献距离我们的时代已经久远，笔者认为，出现这种差异是正常的，只要言之成理，符合传统文化精神实质，可以采取包容态度。

42. 为学者，必有初。小学终，至四书。

【译文】作为求学之人，一定有一个开始阶段。小学的结束阶段，就可以学习“四书”。

【解读】这里是讲做学问的次序。一开始必须打好基础。这个基础就是“小学”。这里的“小学”，就是指研究文字训诂音韵方面的学问。清代的《四库全书》，把小学书分为训诂、字书、韵书三类。

读书必先识字，掌握字形、字音、字义，学会使用。周朝儿童入学，首先学六甲六书（六甲指儿童练字用的笔画较简单的六组以甲起头的干支，六书即指事、象形、形声、会意、转注、假借），西汉时称“文字学”为“小学”，唐宋以后又称“小学”为“字学”，“小学”之名即由此而得。

这里也顺便介绍一下古代的“小学教育”。教授学童识字的“小学”，古代也叫“蒙学”，包括教育阶段及教育场所两种含义。教育内容主要是识字、写字和道德教育。教材一般为《蒙求》《千字文》《三字经》《百家姓》《弟子规》等，没有固定年限，采用个别教学，注重背诵，练习，在学的学生也叫“蒙生”。古代教育，小学是从七岁到十二岁，它的教学宗旨、目标，就是培养正知正见，所谓的“童蒙养正”，奠定其“核心价值观”。小学的教育，不光是传授知识，更重视生活教育，就是要培养他的勤劳品格，洒扫应对，奉事长上，教导他们如何奉事父母，怎样友爱兄弟。朱熹的《童蒙须知》说：“夫童蒙之学，始于衣服冠履，次及言语步趋，次及洒扫涓洁，次及读书写文字，及有杂细事宜。皆所当知。”“凡一物一则，一事一宜，

虽至纤至悉，皆以闲其放心，养其德性，为异日进修上达之阶，即此而在矣。”古代小学阶段教导孩子学习这些基本的生活技能，培养他们勤劳礼貌的行为习惯，不仅是生存的需要，也是今后修身治学和立身行道的基础。

今天我们对古代小学老师教孩子背诵经典且不过多讲解的意义很不理解，认为这不科学。其实，这是比西方科学更高明的教学方法。因为孩童时代是记忆力最好的时代，而经典是最有价值的记忆材料，利用最好的记忆力记住最有价值的材料，是一种事半功倍的做法。再说，背诵的过程也是修定的过程，定能生慧。当孩子年龄渐长，老师再根据他们的理解能力讲解他们背诵过的内容，孩子学起来就会既快速又轻松。而且，那些经典都是教人崇德向善的，充满了智慧。经过这一阶段的学习之后，再进修更深奥的经典就更容易一气呵成了。尤其是《大学》《中庸》《论语》《孟子》这“四书”，教导人们怎样处理家庭关系、社会关系、人与自然的关系，从小到大都接受这样的教育，当他们面对种种关系的时候，很自然地就会按照经典的教诲去正确处理。不像现在的一些人，上了大学还不会洗衣做饭，拿到了博士学位，也处理不好基本的人伦关系和人际关系，甚至做出伤害他人、损害社会乃至破坏自然、威胁人类的事情来。

近年来，民间一直有热心人士在尝试和推广传统教育，如曾任教育部高等学校高职高专文化类专业教学指导委员会委员的吴鸿清教授，2006 年 9 月义务到甘肃省天水市甘谷县土桥小学支教，创办“伏羲班”，借鉴古人智慧，进行小学基础教育改革实验，探索落实以人为本，全面实施素质教育的道路，取得了可喜成果。如今，随着国家对中华优秀传统文化的日益重视，经典教育越来越受到重视，古人的教育智慧也必将为当今的教育改革提供有益借鉴。

43. 论语者，二十篇。群弟子，记善言。

【译文】《论语》这本书共有二十篇，是孔子的弟子及再传弟子们记载的有关孔子及其门人嘉言懿行的一部书。

【解读】《论语》作为儒家创始人孔子及门人的言行集，较为集中地反映了孔子所倡导的“仁”“义”“礼”“智”等核心思想，对中华民族的心理素质及道德行为产生过重大影响。宋儒名家朱熹将《论语》与《中庸》《孟子》《大学》合称“四书”，又与《诗经》《尚书》《礼记》《周易》《春秋》（简称为“诗、书、礼、易、春秋）并称为“四书五经”。《论语》与《易经》《老子》，同被视为中华民族的源头性典籍，是古代圣哲修身明德、体道悟道、追求天人合一过程中的智慧结晶。

关于《论语》的注疏和研究论著很多。其中影响较大的有：何晏、邢昺的《论语注疏》、朱熹的《论语集注》、刘宝楠的《论语正义》、程树德的《论语集释》、杨树达的《论语疏证》、钱逊的《论语浅解》、冯梦龙的《论语指月》、杨伯峻的《论语译注》等。2013 年 11 月 26 日，中共中央总书记、国家主席、中央军委主席习近平在山东孔子研究院看到并说“要仔细看看”的《论语诠解》，是孔子研究院院长杨朝明主编的，这本书从仁者爱人、为人知礼、学以致道、仁义之交、孝悌齐家、处世之道、君子境界七个方面阐述了《论语》的思想精髓及对现实生活的指导意义，对《论语》的很多言论进行了重新诠释和解读。

《论语》一书所涉及的内容，可以概括为做人之道、治学之道、治国之道几个方面。做人之道首重道德，道德的核心是“仁”，“仁”的表现有“克己复礼”“己所不欲，勿施于人”“恭宽信敏惠”“爱人”“忠恕”等；次重人格，强调涵养君子品格，能“无所争”“见贤思齐，见不贤而内自省”“成人之美，不成人之恶”“和而不同”“泰而不骄”“谋道不谋食，忧道不忧贫”“见利思义，见危授命”“尊贤而容众”等；再重处事，要求“知人”“笃信好学，守死善道”“临事而惧，好谋而成”“贫而无怨，富而无骄”“以直报怨，以德报德”“躬自厚，而薄责于人”“不怨天，不尤人”“不迁怒，不贰过”“温良恭俭让”等等。治学之道主张“述而不作，信而好古”“学而不厌，诲人不倦”“温故而知新”“多闻”“多见”“学而思，思而学”，强调不能把学习与道德修养割裂开来，要求弟子“入则孝，出则悌，谨而信，泛爱众，而亲仁，行有余力，则以学文”等。治国之道主张施行德政，举荐贤才，君臣有礼，“为政以德，譬如北辰，居其所，而众星共之”“其身正，不令而行；其身不正，虽令不从”“举直错诸枉，能使枉者直”“君使臣以礼，臣事君以忠”；主张对百姓多行礼乐教化，慎用刑罚处置，“不教而杀谓之虐，不戒视成谓之暴”，要求“敬事而信，节用而爱人，使民以时”等等。

作为孔子思想的代表，《论语》具有世界意义和现代意义。《论语》中的文化精髓，已成为一种文化基因，融入华夏文明的血液之中，成为中国人日常文化、思想、情感和生活方式的一部分。《论语》中闪现的智慧光芒，足以穿越千年时空，照耀当下，温暖亿万华夏后代乃至地球人类的心灵。关键要看我们能不能提起一颗诚敬之心去细细品读，虚心领教。

44. 孟子者，七篇止。讲道德，说仁义。

【译文】《孟子》这本书共有七篇。主要是讲说道德仁义的。

【解读】孟子（约公元前 372 年—公元前 289 年），名轲，字子舆，战国中期鲁国邹人（今山东邹县东南部人），是著名的思想家、政治家、教育家，孔子学说的继承者，儒家的重要代表人物。相传孟子是鲁国贵族孟孙氏的后裔，曾受业于子思。他继承了孔子“仁”的思想并将其发展成为“仁政”思想，被称为“亚圣”。《孟子》是孟子及其弟子万章、公孙丑等著，一说是孟子弟子、再传弟子的记录，另一说为孟子自著，是儒家重要经典之一。篇目有：《梁惠王》上、下，《公孙丑》上、下，《滕文公》上、下，《离娄》上、下，《万章》上、下，《告子》上、下，《尽心》上、下。是“四书”中篇幅最长的一本，有三万五千多字。《孟子》的主要注本有《孟子注疏》，《四部备要》本 14 卷；《孟子集注》，《四部备要》本 7 卷；《孟子正义》，《四部备要》本 30 卷等，另有今人杨伯峻《孟子译注》（中华书局本）。

《孟子》记录了孟子与其他诸家思想的争辩、对弟子的言传身教、对诸侯的游说等内容，涵盖了孟子的治国思想、政治观点和政治行动。其学说出发点为性善论，主要发挥孔子“仁”的观念，认为善是人的基本自觉，这种自觉表现为恻隐、羞恶、辞让及是非四端。“四端”说认为道德价值的自觉是与生俱来的。孟子的治国思想体现在，主张“有德者执政”，反对霸政，目的在减轻民生痛苦，缓和社会矛盾。孟子政治思想的核心是仁政学说，主张“王道政治”，反对霸力服人。孟子认为，如果统治者实行仁政，可以得到人民的衷心拥护；反之，如果不顾人民死活，推行虐政，将会失去民心而变成独夫民贼，被人民推翻。仁政的具体内容很广泛，包括经济、政治、教育以及统一天下的途径等，民本思想是其贯穿始终的线索。经济方面主张恢复井田制度，“井田制度”即土地为国家公有，国家授田人民耕种，但人民亦要助耕公田，当作纳税，因此，农民便有“恒产”（恒常固定的田产），国家自会安定。政治方面突出“民为贵，社稷次之，君为轻”，认为君主应以爱护人民为先，为政者要保障人民权利。孟子赞同若君主无道，人民有权推翻政权。教育方面提倡人格和道德教育，认为修养是求学的基点，但又认为教育只可起感化作用，人的善性最终都要凭自己的思考来达致。修身方法上，主张自由发展，因势利导。此外，孟子也十分重视学习环境，置学子于优良环境中，施以自发的教育，方能成功。

孟子学说的义利观和养气观，在当今社会，有着非常重要的现实意义。《孟子·梁惠王上》一开篇即是：“孟子见梁惠王，王曰：‘叟，不远千里而来，亦将有以利吾国乎？’孟子对曰：‘王，何必曰利，亦有仁义而已矣。王曰何以利吾国，大夫曰何以利吾家，士庶人曰何以利吾身，上下交征利而国危矣。’”严肃地指出了重利轻义的严重危害，乃至可能危及国家安全。孟子指出，人之所以不善，是由于受私欲蒙蔽。因此，人应放弃私利，以求得社会的公义。证诸当今，腐败现象、人际矛盾、败德犯罪等等问题，相当部分就源于重利轻义、见利忘义的思想观念。孟子提出培养浩然之气，使人成为“富贵不能淫，贫贱不能移，威武不能屈”的大丈夫，这是任何时代都不可缺少的强健人格，也正是当今急需的强大正能量。

45. 作中庸，乃孔伋。中不偏，庸不易。

【译文】作《中庸》这本书的是孔伋。“中”是不偏的意思，“庸”是不变的意思。

【解读】孔伋（前483—前402），鲁国（今属山东省）人，字子思，尊称“子思子”“述圣”，是孔子之孙、孔鲤之子，战国时期著名的思想家，儒家的主要代表人物之一。《中庸》原是《礼记》中的一篇，历代注本很多，最著名的有宋代程颢的《中庸义》、程颐的《中庸解义》、朱熹的《中庸章句》，清代有李恭的《中庸传注》、戴震的《中庸补注》等，近人康有为也曾作《中庸注》。

“中庸之道”曾被作为批判对象。在批判者的心目中，“中庸之道”就是迂腐、缺乏个性、走中间路线、不思进取的代名词。这是没有深入研究和体会古人智慧所导致的误会或出于某种目的的曲解。《中庸》主张处理事情恪守中道，坚持原则，不偏不倚，无过无不及。在处理矛盾时善于执两用中，折中致和，追求中正、中和、稳定、和谐，并且随时处中，因时制宜，与时俱进，完全符合辩证法思想。作为儒家核心伦理观之一的中庸之道的主旨在于修养人性，通过修养达到至诚或称至德的最高境界。

中庸之道的理论基础是天人合一，即：合一于至诚、至善，达到“致中和，天地位焉，万物育焉”，“唯天下至诚，为能尽其性。能尽其性则能尽人之性；能尽人之性，则能尽物之性；能尽物之性，则可以赞天地之化育；可以赞天地之化育，则可以与天地参矣”的境界。换句话说，天人合一就是通过人们的自觉修养，达到像生养万物、包容万物、承载万物的天地一样的至仁至善的理想境界。

中庸之道的主要内容包括学习的方式：博学之，审问之，慎思之，明辨之，笃行之；也包括儒家做人的规范如“五达道”“三达德”以及治国的“九经”等。“博学之，审问之，慎思之，明辨之，笃行之。”广泛涉猎各种知识，有针对性地提问请教，周全谨慎地思考，清晰明确地判断，将所学的知识、理论、原则切实地付诸实践。2013 年 3 月 1 日，中共中央总书记习近平在中央党校建校 80 周年庆祝大会暨 2013 年春季学期开学典礼上的讲话中就引用了这一观点。君臣、父子、夫妻、兄弟、朋友之“五达道”，是天下通行的五种人际关系。《中庸》强调通过修“父慈、子孝、兄良、弟恭、夫义、妇听、长惠、幼顺、君仁、臣忠”之“十义”，以及“智、仁、勇”这“三达德”来调节和处理这五种人际关系，达到太平和合的理想境界。“智、仁、勇”则靠诚实、善良的品德意识来培植加固。中庸之道用来治理天下国家以达到太平和合的九项具体工作就是“九经”，其具体内容是：修养自身，尊重贤人，爱护亲族，敬重大臣，体恤众臣，爱护百姓，劝勉各种工匠，优待远方来的客人，安抚诸侯。

中庸之道的主要原则有三条：一是慎独自修，二是忠恕宽容，三是至诚尽性。慎独自修要求人们在自我修养的过程中，坚持自我教育、自我监督、自我约束。忠恕宽容要求人们将心比心、互相谅解、互相关心、互不损害、忠恕宽容、体仁而行、并行而不相悖。至诚尽性要求人们忠于内心、不欺不诈、聚精会神、坚持不懈。

中庸之道作为最高的道德准则和自然法则，可以超越时空适用于任何人群。

46. 作大学，乃曾子。自修齐，至平治。

【译文】作《大学》这本书的是曾参。他提出了“修身齐家治国平天下”的主张。

【解读】曾参（前505年—前435年），字子舆，春秋末年生于鲁国南武城，是儒家主要代表人物之一，孔子的弟子，世称曾子，有“宗圣”之称。《大学》，原为《礼记》第四十二篇。宋朝程颢、程颐兄弟把它从《礼记》中抽出，编次章句，朱熹将《大学》《中庸》《论语》《孟子》合编注释，称为《四书》，从此《大学》成为儒家经典。《大学》的版本主要有两个体系：一是经朱熹编排整理，划分为经、传的《大学章句》本；一是按原有次序排列的古本，即《礼记》中的《大学》原文。

“大学”是相对“小学”而言的，是说它不是讲“详训诂，明句读”，教导“洒扫应对进退，礼乐射御书数”的“小学”，而是讲“穷理正心，修礼治人”和治国安邦的大人之学。后人将《大学》的主要内容概括为“三纲领”“六要素”和“八条目”。“三纲领”是“明明德”“亲民”“止于至善”，这是“大学之道”的总纲。对于“三纲领”的具体意思，有的学者翻译为“做治国安邦这种大学问的方法在于，提倡和发扬正大光明的德行和德政，广泛地亲近民众和尊重民意，以至善至美为奋斗目标”；有的说“大学的宗旨在于弘扬光明正大的品德，在于使人弃旧图新，在于使人达到最完善的境界”；笔者理解为“大学的宗旨在于探明、阐明、昌明宇宙人生的真理真相，在于以亲近的态度帮助民众相互亲爱，在于追求至

善至美的圆满境界”。

“六要素”即止、定、静、安、虑、得。“知止而后有定，定而后能静，静而后能安，安而后能虑，虑而后能得。”可以理解为：有一个明确的目标之后就能安定下来，安定之后心就能静，心静了才能思考，深思熟虑后就会有所收获。

“八条目”即格物、致知、诚意、正心、修身、齐家、治国、平天下。这是实现“三纲领”的具体方法与步骤。有的学者将相关章句翻译为：古代那些要想在天下弘扬光明正大品德的人，先要治理好自己的国家；要想治理好自己的国家，先要管理好自己的家庭和家族；要想管理好自己的家庭和家族，先要修养自身的品性；要想修养自身的品性，先要端正自己的心思；要想端正自己的心思，先要使自己的意念真诚；要想使自己的意念真诚，先要使自己获得知识；获得知识的途径在于认识、研究万事万物。通过对万事万物的认识、研究后才能获得知识；获得知识后意念才能真诚；意念真诚后心思才能端正；心思端正后才能修养品性；品性修养后才能管理好家庭和家族；管理好家庭和家族后才能治理好国家；治理好国家后天下才能太平。对于其中的“格物”“致知”两个条目，还有一种理解是：通过与自己心中的物欲进行格斗，让物欲减轻或者革除以后，就可以呈现智慧，有了智慧才能达到真诚。笔者倾向于第一种理解。

八条目中，修身是根本，“自天子以至于庶人，壹是皆以修身为本”。总纲以外的十章分别解释明明德、亲民、止于至善、本末、格物、致知、诚意、正心、修身、齐家、治国、平天下。文章文辞简约，内涵深刻。认真学习实践之后，对于个人做事为人、成家立业和国家安定、世界和平都有深远意义。

47. 孝经通，四书熟。如六经，始可读。诗书易，礼春秋。号六经，当讲求。

【译文】把《孝经》弄通了，“四书”读熟了，就可以去读“六经”了。《诗》《书》《易》《礼》《春秋》，称六经，应当仔细阅读研究。

【解读】这是说学习的顺序，《孝经》和“四书”是基础，在熟悉这些经典的基础上，才可以读“六经”。“六经”，是指孔子晚年整理的《诗》《书》《礼》《易》《乐》《春秋》，其中《乐经》已失传，所以通常称“五经”。跟前面的“四书”合并起来，就是我们常说的“四书五经”。这里的“六经”是把《礼》分成《大礼》《小礼》，后来失去了一种，更名为《礼记》。“六经”更具体的内容，将在后面分别解说。

从这里我们看到，古人的教育是很讲究顺序的。从教孩子洒扫庭除、日常应对，到识字断句、阅读经典。在阅读经典的顺序上，又从简单的《三字经》《千字文》《百家姓》《弟子规》《孝经》《弟子职》《千家诗》《神童诗》《增广贤文》《幼学琼林》《龙文鞭影》《声律启蒙》等蒙学经典，再到“四书五经”，逐步深入。而用于启蒙阶段的蒙学经典，虽然字句简洁，其义理也是不浅的，且内容都是做人处世的根本原则，直接跟人们的日常生活相关，同时涉及天文、地理、历史、文学、数学等方面，甚至比我们今天从外国引进的，或者依据现代教育理论编写的教材还艰深。但是古代的少年儿童学习、接受这样的东西，却并不像我们想象的那样困难。当今一些依据传统教育方法从事幼儿、小学教育的一些民间教学机构和教

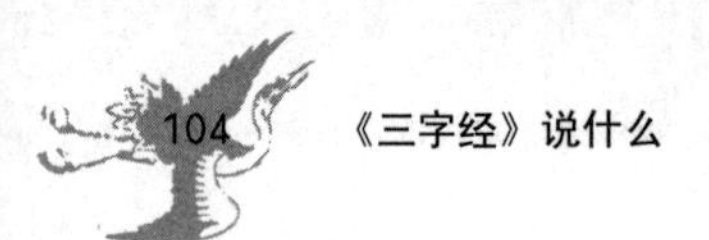

育人士，比如吴鸿清、王财贵教授的教学实践，也同样取得了明显的效果。之所以如此，仔细揣摩则不难发现，是因为这样的顺序，既符合孩子的认知规律，也符合人的成长规律。

从认知规律来看，少年儿童认知事物，常常是整体性认知，而不是分析性认知。比如，洒扫应对，说话认字，是直接模仿成人，且体现出整体性、形象性的特点。汉字虽然看起来结构复杂，但是形象性特点明显，方块字进入孩子的视觉系统，是整体性地进入。所以在成年人看起来比较复杂的汉字，孩子认知起来却并不见得很困难。所以按照传统方法教孩子认识汉字的话，有的三四岁的孩子能够轻松认识三四千汉字。从阅读方面看，传统蒙学根据孩子生理发展阶段的特点，从三个字、四个字、五个字、七个字到十一个字一句的句读逐渐增加，由于符合孩子自然发育规律，阅读起来也很轻松。现代心理学研究证明，人的记忆规律中有一个 7 ± 2 的现象，就是人在记忆事物的时候，在 7 ± 2 的记忆单元范围内效果最好。而我们翻看传统经典，从《三字经》到《声律启蒙》，乃至“四书五经”，里面很少有超过 9 个字一句的。这完全符合人类的记忆规律，所以孩子们阅读和记忆起来很容易。

更为重要的是，这些符合学习、记忆规律的经典所传递的，是关乎人生幸福所必备的基本价值观，完全属于正能量的东西。人在少年儿童时期就奠定了这样的观念，根据先入为主的原理，在今后的人生道路上，就有了强大的抵抗能力和辨别能力，以及与人和睦相处的能力，就很少有误入歧途的。另外，这些经典文辞优美，义理深厚，慢慢浸润孩子心灵，其内在气质会在不知不觉之间产生变化。俗话说“腹有诗书气自华”，坚持按照这样的方向教育出来的人，大都是谦谦君子，窈窕淑女。这实在是值得我们今天的家庭和学校乃至全社会加以重视和继承的。

48. 有连山，有归藏。有周易，三易详。

【译文】《连山》《归藏》《周易》，这三种易经，内容详尽。

【解读】《连山》又叫《连山易》，相传是伏羲氏或神农氏所作；《归藏》，又叫《归藏易》，相传是黄帝的著作。据说这两部经典已经失传了，如今流传下来的只有《周易》，相传是文王、周公或孔子的著作。

关于“周易”两字的解释：东汉郑玄《易论》认为，“周”是“周普”的意思，即无所不备，周而复始；“易一名而含三义：简易一也；变易二也；不易三也。”而唐代孔颖达认为“周”是指岐阳地名，是周朝的代称。

《周易》是中国古代研究、占测宇宙万物变易规律的典籍，包括《经》和《传》两大部分。《经》主要是六十四卦和三百八十四爻，卦和爻各有说明（卦辞、爻辞），作为占卜之用。《传》包含解释卦辞和爻辞的七种文辞共十篇，统称《十翼》，相传为孔子所撰。先秦儒生因孔子“序易”而尊称《周易》和《易传》为《易经》。

《周易》现存主要版本有三种：通行本、马王堆帛书本和上博战国楚简本。影响最大的通行本有魏王弼注本、唐孔颖达疏本（即《周易正义》），以及宋朱熹《周易本义》本。1973 年湖南长沙马王堆三号汉墓出土的帛书《周易》与传世各家《易》本均有不同，是现存最完整的别本。《周易》注本，古今不断，多达千余种，影响较大的有：唐李鼎祚的《周易集解》、宋程颐的《程氏易传》，还有现代闻一多的《周易义证类纂》、高亨的《周易古经今注》、金景芳的《周易讲座》等。

关于《易经》书籍性质的研判，自古以来见仁见智。或者认为是卜筮书、预测书，或者认为是哲学书、历史书，或者认为是行为学书籍。《四库全书·总目·经部·易类一》说："《易》道广大，无所不包，旁及天文、地理、乐律、兵法、韵学、算术，以逮方外之炉火，皆可援《易》以为说。"所以很难将这部古老的著作界定为哪一类书籍。如今，《易经》的影响已经遍及哲学、美学、宗教、医学、天文、算术、数码科技、国学、音乐、艺术、物理学、军事、武术和堪舆等各个学科。《易经》以其"广大悉备"的阴阳、三才观，"继善成性"的人性论和"否终则倾""物极必反"的辩证法思想，确立了它在中国哲学史、思想史上特有的地位，铸就了中华文明生生不息的文脉。

百度百科里这样介绍这部著作：《易经》是中国传统思想文化中自然哲学与人文实践的理论根源，是古代汉民族思想、智慧的结晶，被誉为"大道之源"，是古代帝王之学，也是政治家、军事家、商家的必修之术。《易经》含盖万有，纲纪群伦，是汉族传统文化的杰出代表；广大精微，包罗万象，亦是中华文明的源头活水。从十七世纪开始，《易经》也被介绍到西方，并作为变化的哲学被运用于现实生活。《易经》的太极、理、气思想，人道、人文精神，为西方所普遍接受。也有人认为是"卦有大小""阴阳相倚"的易图算数启迪欧洲发明了"二进制"数学。

《易经》内容博大精深，未必人人都有能力或兴趣钻研学习，但其中"天行健，君子以自强不息；地势坤，君子以厚德载物"这两句话，却是每一位中国人都该记住并恭行的，这也是在"变易"不定的境遇中确保人生幸福、民族兴旺的"简易"和"不易"法门。

49. 有典谟，有训诰。有誓命，书之奥。

【译文】典、谟、训、诰、誓、命，《书经》的深奥义理，就包藏在这六个部分当中。

【解读】这里介绍《书经》的主要内容，分六个部分：一典，是立国的基本原则；二谟，即治国计划；三训，即大臣的谏言；四诰，即国君的通告；五誓，为起兵文告；六命，是国君的命令。

《书经》又称《书》《尚书》，相传为孔子编定。孔子晚年集中精力整理古代典籍，将上古时期的尧舜一直到春秋时期的秦穆公时期的各种重要文献资料汇集在一起，经过认真编选，挑选出100篇，这就是百篇《尚书》的由来。

根据相关资料介绍：秦始皇统一中国后，颁布“焚书令”，原有的《尚书》抄本几乎全部被焚毁。汉代重新重视儒学，由秦博士伏生口授、用汉代通行文字隶书写的《尚书》，共28篇，人们称之为今文《尚书》。西汉时期，相传鲁恭王在拆除孔子故宅一段墙壁时，发现了另一部《尚书》，是用先秦六国时的字体书写的，人们称之为古文《尚书》。古文《尚书》经过孔子后人孔安国的整理，篇目比今文《尚书》多16篇。在西晋永嘉年间的战乱中，今、古文《尚书》全都散失了。东晋初年，豫章内史梅赜给朝廷献上了一部《尚书》，包括今文《尚书》33篇（梅赜从原先的28篇中析出5篇）、古文《尚书》25篇，及一篇《孔安国传》和一篇《尚书序》，当时《秦誓》一篇已佚，所以这部《尚书》共有59篇。现今流传两千多年的《尚书》，大多是根据梅赜所献的本子编修的。历来注释和研究《尚书》的著作很多，有唐孔颖达的《尚书正义》，宋蔡沈的《书集传》，清孙星衍的《尚书今古文注疏》，宋两浙东路茶盐司刻本《尚书正义》20卷等。

《尚书》被视为我国历代统治者治理国家的"政治课本"和理论依据。相传孔子编成《尚书》后，曾把它用作教育学生的教材。《尚书》主要记录虞夏商周各代一部分帝王的言行，从这些记录当中，我们可以略约窥见当时的政治生态与价值观念等等。比如，从书中，我们看到尧、舜、禹、汤、文、武这些帝王，其德行、境界之高，足以成为中华民族万世之师表。他们的起心动念、言谈举止、行住坐卧、行事论理，总是着眼于天下苍生，而非个人或家族、集团的利弊得失。我们一直向往的大同世界，在那个时候不是理想，而是现实。也许当时的物质条件远远不及当今，但是那时帝王、大臣们的道德情操、精神境界，却是那样的淳朴厚道、超乎我们今人之想象。其中记录尧、舜、禹禅让帝位的情景，至今读来感慨万端。我们知道，当今时代是一个竞争的时代，大大小小的岗位很多都是靠竞争获得的。当然，我们提倡的是正当的竞争，通过竞争的方式将最为优秀的人才选拔到最适合的岗位上，这是基于当今时代特点的人才选拔制度。而在远古时代，在考虑帝位继承人的时候，不论是帝王还是大臣，都是本着德才兼备的原则，主动推荐他人而非自己或者自己的亲信。而被推荐的人呢，也总是衡量自己德才方面存在的差距，主动推荐自认为更优秀的人才。这样的氛围，实在令人赞叹与羡慕。我们还看到，书中处处充满敬德、爱民的理念，也有对败德伤民者的批判，更有国家兴衰存亡的宝贵经验教训。

虽然时代跨越数千年之久，但《尚书》中蕴涵的执政理念、从政德行、治世经验、失败教训等等，对于当今时代，仍然具有很强的借鉴价值和指导意义。

50. 我周公，作周礼。著六官，存治体。

【译文】我国的周公写作了《周礼》，其中记载着六官制以及治国纲领和政治法度。

【解读】据资料介绍：周公姓姬，名旦，是周文王的第四子，周武王之弟，亦称叔旦，因采邑在周，被称为周公。武王死后，其子成王年幼，由周公摄政当国。摄政期间，他平定“三监”叛乱，大行分封建制，营建东都，制礼作乐，还政成王，在巩固和发展周王朝的统治上起了关键性的作用，对中国历史的发展产生了深远影响。周公在当时不仅是卓越的政治家、军事家，而且还是个多才多艺的诗人、学者。其兄弟管叔、蔡叔和霍叔等人勾结商纣之子武庚和徐、奄等东方夷族反叛，他奉命出师，三年后平叛，并将国家势力扩展至东海。后建成周洛邑，作为东都。相传他制礼作乐，建立典章制度。其言论见于《尚书》诸篇。

《周礼》是一部通过官制来表达治国方案的著作。《周礼》六官的分工大致为：天官主管宫廷，地官主管民政，春官主管宗族，夏官主管军事，秋官主管刑罚，冬官主管营造，涉及到社会生活的各个方面。《周礼》所记载的礼的体系最为系统，既有祭祀、朝觐、封国、巡狩、丧葬等等国家大典，也有如用鼎制度、乐悬制度、车骑制度、服饰制度、礼玉制度等等的具体规制，还有各种礼器的等级、组合、形制、度数的记载。

《周礼》展示了一个完善的国家典制，国中的一切都井然有序，富于哲理。《周礼》以天官、地官、春官、夏官、秋官、冬官等六篇为间架。

天、地、春、夏、秋、冬即天地四方六合，就是古人所说的宇宙。《周礼》六官即六卿，每卿统领六十官职，六卿的职官总数为三百六十。三百六十正是周天的度数，所以有学者认为，“周官”就是“周天之官”的意思，暗含了该书的宇宙框架和周天度数的布局，以及“以人法天”的原则，体现天人合一的宇宙观。便可发现《周礼》融合了后世儒、法、阴阳、五行诸家的思想，呈现出“多元一体”的特点。

《周礼》作为一部治国纲领，成为历代政治家取法的楷模。《周礼》的许多礼制，影响百代。如从隋代开始实行的“三省六部制”，其中的“六部”，就是仿照《周礼》的“六官”设置的。唐代将六部之名定为吏、户、礼、兵、刑、工，作为中央官制的主体，为后世所遵循，一直沿用到清朝灭亡。历朝修订典制，如唐《开元六典》、宋《开宝通礼》、明《大明集礼》等，也都是以《周礼》为蓝本，斟酌损益而成。《周礼》含有丰富的治国思想，对官员、百姓，采用儒法兼融、德主刑辅的方针，不仅显示了相当成熟的政治思想，而且有着驾驭百官的管理技巧。管理府库财物的措施，严密细致，相互制约，体现了高超的运筹智慧。

党的十八届三中全会提出：“全面深化改革的总目标是完善和发展中国特色社会主义制度，推进国家治理体系和治理能力现代化。”习近平总书记指出，每个国家选择什么样的治理体系，是由这个国家的历史传承、文化传统、经济社会发展水平决定的，是由这个国家的人民决定的。我国今天的国家治理体系，就是在我国历史传承、文化传统、经济社会发展的基础上长期发展、渐进改进、内生性演化的结果。因此笔者认为，深入地研究《周礼》的哲学思想、治国经验、典章制度，对于推进国家治理体系的完善，必然大有益处。

51. 大小戴，注礼记。述圣言，礼乐备。

【译文】戴德和戴圣整理并注释《礼记》，传述圣贤言论，使后代人知道了前代有关礼乐的情形。

【解读】戴德（生卒不祥），字延君，号称大戴；侄戴圣，字次君，号称小戴。汉宣帝时均立为博士。戴德官至信都王（刘嚣）太傅；戴圣官至九江太守。同受《礼》于后苍，曾选辑古代各种礼仪论著，辑注成《大戴礼记》和《小戴礼记》。

《大戴礼记》，亦名《大戴礼》《大戴记》。该书原有八十五篇，但今仅存三十九篇。其中多数篇章记述从战国到汉代儒家学派的言论，是研究中国早期儒学的基本资料。其中《夏小正》一篇，是我国现存最古老的一部月令，篇中被称作"经"的文字，据说传自夏代，生动具体地反映了上古先民对一年十二个月天文星宿、气象物候的认识，在天文史、气象史、农业史上占有重要地位。《大戴礼记》当初和《小戴礼记》（即《礼记》）并行而传。但《小戴礼记》因有郑玄作注而在唐代被列为"经书"，《大戴礼记》却从此长期被冷落，多赖北周学者卢辩的注释才得以流传。至清代，《大戴礼记》方日益受到重视，陆续有学者整理研究，如孔广森的《大戴礼记补注》和王聘珍的《大戴礼记解诂》。

《小戴礼记》，或称《小戴记》，是戴圣对秦汉及以前的汉族礼仪著作加以辑录、编纂而成的，共49篇，分属于制度、通论、名堂阴阳、丧服、世子法、祭祀、乐记、吉事等，它阐述的思想，涵盖社会、政治、伦理、哲学、宗教等各个方面，其中《大学》《中庸》《礼运》等篇有较丰富的汉族哲学思想。东汉末年，著名学者郑玄为《小戴礼记》作了出色的注解，后来这个本子便盛行不衰，并由解说经文的著作逐渐成为经典。到唐代，“礼”有《周礼》《仪礼》《礼记》，“春秋”有《左传》《公羊》《穀梁》，再加上《诗经》《易经》《尚书》《论语》《尔雅》《孝经》，成为“十二经”；宋、明又增加《孟子》，于是定型为“十三经”，为士者必读之书。《礼运》一篇提出了“小康世”和“大同世”的理想，对后世影响深远；《大学》《中庸》两篇在南宋时更与《论语》《孟子》合编为“四书”，同“五经”并列，成为士子必读的教科书。《礼记》的注本有东汉郑玄《礼记注》、唐孔颖达《礼记正义》、清朱彬《礼集训纂》、孙希旦《礼记集解》等。通行本有清阮元《十三经注疏》本。

中华民族素有礼仪之邦的称谓，但近一两百年来，由于外敌入侵、内匪作乱，打乱了正常的生存、生产、生活秩序，人们忙于基本的物质、生产、生活，对于礼仪之教，在很广的层面、很大的程度上，的确是疏忽了。如今在职场、官场，或者一些重大节庆活动中，我们也能看到一些礼仪，但这些礼仪，很多已经西化，或者是现代化了，至于体现中国特色的传统或称古老礼仪，已经很难见到了。也有不少人知道中国有一部《礼记》，但是这部书的具体内容、核心精神，却只在很狭窄的学术圈内有所钻研，远远没有普及到社会大众中去。学术界也往往只把它当作学问来研究，认为那是属于古代人的，跟今天的生活关系不大。所以对这些经典的传播、运用非常有限，一般人也很难对其生起恭敬、向往和实践的愿望。《曲礼》中说：“敖不可长，欲不可从，志不可满，乐不可极。”虽然我们今天有了尖端科技，有了丰足生活，有了新的志向志趣和娱乐方式，但对于古圣先贤传下来的经典，理应有一份恭敬之心。倘若真能以诚敬之心去学习，

去实践，我们当下遇到的很多令人困惑和棘手的问题，都可以得到圆满的解决。习近平总书记号召我们要将传统文化进行创造性转化，人人都应，也都能为此尽心。

52. 曰国风，曰雅颂。号四诗，当讽咏。

【译文】《国风》《大雅》《小雅》《颂》，合称为四诗，应该讽诵吟咏。

【解读】这里是劝我们读诵《诗经》。《诗经》是我国第一部诗歌总集，收集了自西周初年至春秋中叶五百多年的诗歌305篇。先秦称为《诗》，或取其整数称《诗三百》《三百篇》。西汉时被尊为儒家经典，称为《诗经》，并沿用至今。《诗经》约成书于春秋时期，汉代传授《诗经》的有齐、鲁、韩、毛四家。当今世上流传的诗经，是毛公（大毛公：毛亨，小毛公：毛苌）所传的毛诗。

《诗经》内容上分为《风》《雅》《颂》三部分，其中“风”是地方民歌，有十五国风，共一百六十首；“雅”主要是朝廷乐歌，分大雅和小雅，共一百零五篇；“颂”主要是宗庙乐歌，有四十首。表现手法主要是赋、比、兴。“赋”就是铺陈，“比”就是类比，“兴”就是启发。“风”“雅”“颂”和修辞手法“赋”“比”“兴”，合称《诗经》的“六义”。

《诗经》全面地展示了周代（西周、东周、东周春秋中期）的社会生活，真实地反映了中国奴隶社会从兴盛到衰败时期的历史面貌。孔子对其的评价是“诗三百，一言以蔽之，曰：‘思无邪。’”“温柔敦厚，诗教也”，指出《诗经》思想内容纯净健康，有益身心。孔子说“《诗》可以兴，可以观，可以群，可以怨，迩之事父，远之事君，多识于鸟兽草木之名”，“不学诗，无以言”。意思是学习诵读《诗经》可以抒发情志，

可以观察社会与自然，可以结交朋友，可以讽谏怨刺不平之事。近可以侍奉父母，远可以侍奉君王，还可以知道不少鸟兽草木的名称。不学《诗经》就好像难以跟人交谈，或者说谈话就不上档次。近代梁启超认为“现存先秦古籍，真赝杂糅，几乎无一书无问题，其真金美玉，字字可信者，《诗经》其首也”；鲁迅认为《诗经》是“中国最古的诗选”；19 世纪前期法国人比奥评价《诗经》是“东亚传给我们的最出色的风俗画之一，也是一部真实性无可争辩的文献”。

诗歌是世界上最古老、最基本的文学形式，是一种阐述心灵、抒情言志的文学体裁。《毛诗·大序》载：“诗者，志之所之也。在心为志，发言为诗。”宋代严沧浪《诗话》云：“诗者，吟咏性情也。”中国古代称不合乐的为诗，合乐的为歌，现代统称为诗歌。中国诗歌经历了《诗经》→《楚辞》→汉乐府诗→魏晋南北朝民歌→唐诗→宋词→元曲→明清诗歌→近代诗、现代诗这样一个发展历程。诗歌的表现手法在“赋、比、兴”的基础上，历代以来不断地发展创造，夸张、复沓、重叠、跳跃等等，难以尽述。但是各种方法都离不开想象，丰富的想象既是诗歌的一大特点，也是诗歌最重要的一种表现手法。在诗歌中，还有一种重要的表现手法是象征。象征，简单说就是“以象征义”，但在现代诗歌中，象征则又表现为心灵的直接意象。虽然诗歌形式丰富多彩，手法灵活多变，但都遵循如下基本特点：高度集中、概括地反映生活；抒情言志，饱含丰富的思想感情；丰富的想象、联想和幻想；语言具有音乐美。

不管时代怎样发展，诗歌形式和手法如何变化，“诗言志”“诗无邪”的传统理当坚持到底。

53. 诗既亡，春秋作。寓褒贬，别善恶。三传者，有公羊。有左氏，有谷梁。

【译文】《诗经》被冷落后，《春秋》就出现了。《春秋》这本书隐含着对书中所记载的史实、人物善恶的分辨和褒贬。“三传”就是公羊家族所著的《公羊传》、左丘明所著的《左传》和谷梁子所著的《谷梁传》，它们都是解释《春秋》的书。

【解读】《春秋》即《春秋经》，又称《麟经》或《麟史》，中国古代儒家典籍“六经”之一。它是第一部汉民族编年史兼历史散文集。作为鲁国的编年史，由孔子修订而成。

编年史是按年月日记事的史书形式。《春秋》这部编年史的记事非常简单，一件事一句话，相当于一部大事年表，所以记述二百四十多年的史事才用了一万六千字左右。由于《春秋》的记事过于简略，因而后来出现了很多对其所记载的历史进行补充、阐释的“传”，较为有名的是被称为“春秋三传”的《左传》《公羊传》《谷梁传》。现存《春秋》，从鲁隐公记述到鲁哀公，历十二代君主，计244年（依《公羊传》和《谷梁传》载至哀公十四年止，为242年，《左传》多2年），它基本上是鲁国史书的原文。“三传”中，《左传》是《春秋》最好的注本。汉人桓谭曾经在《新论》中评论说：“《左氏传》于《经》，犹衣之表里，相待而成。有《经》而无《传》，使圣人闭门思之，十年不能知也。”意思是说，《左氏传》与《春

秋经》之间，就好比是衣服的表和里一样，相互依存。只有经而没有传的话，即使是圣人闭门研究十年，也弄不明白其就里。

“春秋”二字相当于今天“历史”的概念，是当时各国史书的通称。《墨子》上有“周之春秋”“燕之春秋”“宋之春秋”“齐之春秋”等说法。“春”和“秋”是一年四季（古代称为“四时”）中两个最重要的季节。春种秋收是一年中的大事，秋收完毕，一年的大事就算了结了。所以古人就用这两个季节的名称代表一年的过程。编年史是以年为单位记事的，所以记述一年间史事的书就叫“春秋”。今本《春秋》是鲁国史书名。因为是本国人记本国事，所以只用“春秋”两个字就够了。《春秋》不但记述了大量的古代战争、盟会、政变、兵制、刑法、赋税、礼制、宗法、婚丧等人事方面的资料，而且记述了大量的天象、地理、地震、灾荒等自然现象的资料。

《春秋》经书中用于记事的语言极为简练，然而几乎每个句子都暗含褒贬之意，被后人称为“春秋笔法”。所谓“春秋笔法”，也叫“春秋书法”或“微言大义”。这种笔法或者说语言艺术，是一种文章写法，即在文章的记叙之中表现出作者的思想倾向，而不是通过议论性文辞表达出来。历史上，左丘明发微探幽，最先对这种笔法作了精当的概括：“《春秋》之称，微而显，志而晦，婉而成章，尽而不污，惩恶而劝善，非贤人谁能修之？”意思是说，《春秋》的记述，用词细密而意思显明，记载史实而含蓄深远，婉转而顺理成章，穷尽而无所歪曲，警诫邪恶而褒奖善良。如果不是圣人谁能够编写？孔子编写《春秋》，在记述历史时，暗含褒贬，行文中虽然不直接阐述对人物和事件的看法，但是却通过细节描写，修辞手法（例如词汇的选取）和材料的筛选，委婉而微妙地表达他的主观看法。后世作者为了阐述孔子的思想，撰写了专门的著作以解释《春秋》的内在涵义，特别是其中涉及礼的一些细节，行文风格也各具特色。

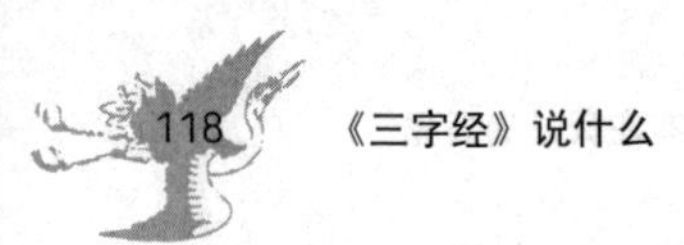

54. 经既明，方读子。撮其要，记其事。

【译文】经传读明白了，就可以读诸子书。诸子书繁杂，要选择和把握要点，并记住主要事件。

【解读】“经史子集”是中国古籍按内容区分的四大部类。一些大型的古籍丛书往往囊括四部，并用以命名，如《四库全书》《四部丛刊》《四部备要》等。子部收录诸子百家的著作和类书，包括儒家类、兵家类、法家类、农家类、医家类、天文算法类、术数类、艺术类、谱录类、杂家类、类书类、小说家类、释家类、道家类等14大类，其中天文算法类又分推步、算书2属，术数类又分数学、占侯、相宅相墓、占卜、命书相书、阴阳五行、杂技术7属，艺术类又分书画、琴谱、篆刻、杂技4属，谱录类又分器物、食谱、草木鸟兽虫鱼3属，杂家类又分杂学、杂考、杂说、杂品、杂纂、杂编6属，小说家类又分杂事、异闻、琐语3属。

儒家是崇奉孔子学说的重要学派，崇尚“礼乐”和“仁义”，提倡“忠恕”和“中庸”之道。主张“德治”“仁政”，重视伦常关系。道家是先秦时期的一个思想派别，以老子、庄子为代表人物，主张顺应自然，无为而治。后亦指崇尚黄帝、老庄之说者。释家即佛教。法家是战国时的学派，以尚法明刑为主，以李悝、商鞅、韩非等人为代表。兵家是古时对军事家或用兵者的通称，亦指研究军事的学派。农家是战国时期反映农业生产和农民思想的学术派别，主张劝耕桑，以足衣食。而寥寥不能成类者，则并入杂家，杂之义广，无所不包。以立说者谓之杂学，辩证者谓之杂考，议

论而兼叙述者谓之杂说，旁究物理胪陈纤琐者谓之杂品……术数是指种种方术，观察自然界可注意的现象，来推测人的气数和命运，也称“数术”。医家即医学。艺术泛指六艺以及术数方技等各种技术技能。书画即书法图画。谱录是记载器物、食谱、草木鸟兽虫鱼等的表册。类书辑录经、史、子、集各类著作，所收内容几乎无所不包，是综合性的大型类书，就是古代的百科全书。蒙学是学童启蒙书籍。

由此可见，子部所列书目的确十分繁杂，若不能抓住要点，确实无从下手。

“读子”，主要是指读诸子百家的著作。诸子百家是对春秋、战国、秦汉时期各种学术派别的总称，据《汉书·艺文志》的记载，数得上名字的一共有189家，4324篇著作。其后的《隋书·经籍志》《四库全书总目》等书则说“诸子百家”实有上千家。诸子百家之中流传最为广泛的是法家、道家、墨家、儒家、阴阳家、名家、杂家、农家、纵横家、兵家。在春秋战国时期，各种思想学术流派的成就，与同期古希腊文明相辉映；以孔子、老子、墨子为代表的三大哲学体系，形成诸子百家争鸣的繁荣局面。诸子百家的许多思想给后代留下了深刻的启示，如儒家的“仁政”“恕道”、孟子的古代民主思想、道家的辩证法、墨家的科学思想、法家的唯物思想、兵家的军事思想等。诸子百家学各派的学术有两个共同特点：一是重在以人、以社会为中心建构学说体系，以积极的学术态度宣告了先秦理性精神的诞生，例如荀子的“天论”和《周易》的“刚健”“自强”思想；二是诸子之学都积极寻求治国平天下的方案，具有强烈的社会责任感和政治实用性，如儒家创始人孜孜不倦的理论探索和“知其不可而为之”的奋斗品格，法家人物“非古师今”的变法功业，都体现了这一特点。

55. 五子者，有荀扬。文中子，及老庄。

【译文】五子是指荀子、扬子、文中子、老子和庄子。

【解读】这里举出子书中的五个代表。

荀子，著名思想家、文学家、政治家，时人尊称“荀卿”。曾三次出任齐国稷下学宫的祭酒，后为楚兰陵（位于今山东兰陵县）令。其著作《荀子》共三十二篇，涉及到哲学、逻辑、政治、道德等许多方面的内容。在自然观方面，他肯定自然规律是不以人的意志为转移的，曾说“天道有常，不为尧存，不为桀亡”。在人性问题上，他提出“性恶论”，强调后天环境和教育对人的影响。在政治思想上，他坚持儒家的礼治原则，同时重视人的物质需求，主张发展经济和礼治法治相结合。在认识论上，他承认人的思维能反映现实，在《劝学篇》中，他强调“学”的重要性，指出学习必须联系实际，学以致用，学习态度应当精诚专一，坚持不懈。他非常重视教师的地位和示范作用。也提出了“水则载舟，水则覆舟”的观点。《荀子》中的五篇短赋，开创了以赋为名的文学体裁。

扬子即扬雄，一作“杨雄”。公元前53年生于成都。少时好学，酷好辞赋。早年崇拜司马相如，曾模仿司马相如的《子虚赋》《上林赋》，作《甘泉赋》《羽猎赋》《长杨赋》，在华丽的描述中委婉地讽谏君主，故后世有“扬马”之称。晚年他对赋有了新的认识，认为作赋乃是“童子雕虫篆刻”，“壮夫不为”。在散文方面，扬雄模拟《易经》作《太玄》，提出以“玄”作为宇宙根源的学说，强调如实地认识自然现象的必要性；模拟《论语》作《法言》，

主张文学应当宗经、征圣，以儒家著作为典范。他还著有语言学著作《方言》。

文中子，王通（584年—617年），字仲淹，号文中子，隋朝河东郡龙门县通化镇（今山西省万荣县通化镇）人，著名教育家、思想家。王通从小精习“五经”。他的弟子姚义、薛收编辑的《文中子说》（又称《中说》），仿《论语》敷衍成书，由王氏家人定为王道、天地、事君、周公、问易、礼乐、述史、魏相、立命、关朗10篇行世。此书提出了“三教合一”的思想，具有一定进步性。在哲学上提出以气、形、识分别作为天、地、人的特点。

老子，姓李，名耳，字聃，一字（或曰谥）伯阳。华夏族，楚国苦县厉乡曲仁里人（今安徽省亳州市涡阳县），约生活于前571年至前471年之间。是我国古代伟大的哲学家和思想家，道家学派创始人，被唐朝帝王追认为李姓始祖。老子乃世界百位历史名人之一，所著《道德经》（又称《老子》）以“道”解释宇宙万物的演变，是所谓“道生一，一生二，二生三，三生万物”；主张无为而治，“人法地，地法天，天法道，道法自然”。在道教中，老子被尊为道教始祖。

庄子，名周，字子休（亦说字子沐），宋国蒙（今河南省商丘市）人，东周战国中期著名的思想家、哲学家和文学家，其观点主张形成了华夏重要的哲学学派“庄学”，为道家学派的主要代表人物之一。庄子最早提出“内圣外王”思想；他洞悉易理，深刻指出“《易》以道阴阳”，而他的“三籁”思想也与《易经》“三才”之道相合。其代表作品为《庄子》，又名《南华经》，是道家经文，与《周易》《老子》合称“三玄”。庄子的文章，想象奇幻，构思巧妙，文笔汪洋恣肆，瑰丽诡谲，意出尘外，乃先秦诸子文章的典范之作。

56. 经子通，读诸史。考世系，知终始。

【译文】经书和子书读熟了以后，再读史书。读史时要考究各朝各代的世系，明白他们盛衰的原由。

【解读】经史子集中的史部收录史书，包括正史类、编年类、纪事本末类、杂史类、别史类、史评类、诏令奏议类、传记类、史钞类、载记类、时令类、地理类、职官类、政书类、目录类等15个大类，其中诏令奏议类又分诏令、奏议2属，传记类又分圣贤、名人、总录、杂录、别录5属，地理类又分宫殿疏、总志、都会郡县、河渠、边防、山川、古迹、杂记、游记、外记10属，职官类又分官制、官箴2属，政书类又分通制、典礼、邦计、军政、法令、考工6属，目录类又分经籍、金石2属。

正史：指《史记》《汉书》等以帝王本纪为纲的纪传体史书。清乾隆年间诏定二十四史为正史，1921年北洋军阀政府又增《新元史》，合称“二十五史”，不久，又将《清史稿》合编其中，合称“二十六史”。

编年：按年代顺序编排史料、著作等。

纪事本末：史书体裁之一。以历史事件为纲，将重要史实分别列目，独立成篇，各篇又按年月顺序编写。创始于南宋袁枢的《通鉴纪事本末》。

别杂史等：别史指不属于正史、杂史的史书，通常杂记历代或一代史事；杂史，旧时区别于纪传、编年、纪事本末的一种史书体载，或记一时见闻，或记一事始末，或只是一家私记，但均带有历史掌故性质。

史评：评论史事或史书的著作。如王夫之的《读通鉴论》《宋论》是评论史事方面的专著；刘知几的《史通》和章学诚的《文史通义》则多载对史书的评论。

诏令奏议：诏令，文体名，是古代帝王、皇太后或皇后所发命令、文告的总称，包括册文、制、敕、诏、诰、策令、玺书、教、谕等；奏议，文体名，是古代臣下上奏帝王的各类文字的统称，包括表、奏、疏、议、上书、封事等。

传记：亦单称传，是记载人物事迹的文字。一般由他人记述，亦有自述生平者，称“自传”。传记大体分两大类：一类是以记述翔实史事为主的史传或一般纪传文字；另一类属文学范围，以史实为根据，但不排斥某些想象性的描述。

史钞：摘抄一史或合抄众史的书籍。《宋史·艺文志》始有“史钞”一门。有专抄一史者，如《汉书钞》《晋书钞》之类；有合抄众史者，如《正史削繁》《新旧唐书合钞》之类。此类史书，博取约存，对读者而言有一定的便利性。

载记：旧史为曾立名号而非正统者所作的传记，以别于本纪和列传。

时令：图书分类目录名。宋以前有关时令的书籍，都列入子部农家，但诸书所载，上自国家典制，下至民间风俗，不仅仅限于农事，故《中兴馆阁书目》另列时令一类。清代修《四库全书》，沿用宋人旧例，仍立时令一目。

地理：地志县志，记载方域、山川、风俗、物产等文字。

职官：记载历代官制。如《唐六典》《周官》。

政书：是记录典章制度的书籍，其名源于明代钱溥的《秘图书目》。政书可分成两大类，一为记述历代典章制度的“通史式政书”；另一种是

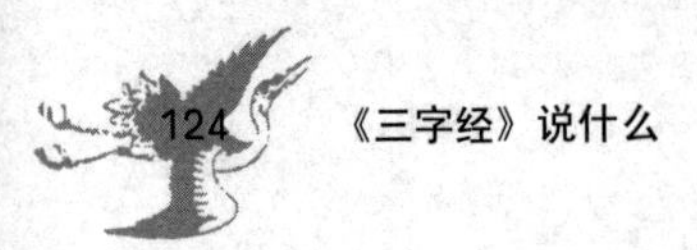

记述单一朝代典章制度的“断代式政书”。后世史书多以“志”来记述各朝典章制度。

目录：目录分类学的著述。

57. 自羲农，至黄帝。号三皇，居上世。

【译文】自伏羲氏、神农氏到黄帝，被称为“三皇”，他们生活于上古时代。

【解读】这里的“上世”，是指“三皇五帝时代”，即公元前？年—公元前 2029 年这段历史时期。其中，“三皇时代”在位的部落首领或部落联盟首领有：天皇氏，简称天皇；地皇氏，简称地皇；人皇氏，简称人皇；燧人氏，尊称燧皇；华胥氏，简称华胥，又被尊称为华皇、胥皇，是燧人氏之妻、伏羲与女娲之母；伏羲氏，又称羲皇、伏羲、太昊、太昊伏羲氏；女娲氏，又称娲皇、女娲、女希氏、女娲娘娘、后土娘娘；有巢氏，人称巢皇、有巢；少典，即有熊氏，前？年—前 3216 年在位；神农氏，又称农皇、神农、帝石年，即炎帝，本名姜石年，少典之子，大约前 3216 年—前 3077 年在位，据说在位 120 年。而“五帝时代”的首领就比较多了，著名的有：黄帝，名姬轩辕，“五帝之首”，少典之子，炎帝之弟；尧，又称唐尧、帝尧；舜，又称虞舜、帝舜。

“三皇”又指传说中的中国古代三个杰出部落首领，后世尊为“皇”，通常指燧人氏（燧皇）、伏羲氏（羲皇）、神农氏（农皇）或天皇、地皇、人皇。但也有其他说法：伏羲、神农、黄帝；伏羲、神农、女娲；伏羲、神农、燧人；伏羲、神农、祝融；天皇、地皇、泰皇；天皇、地皇、人皇。在关于“三皇”的说法中，所有涉及的人物，都在中国远古时代发挥了重要作用，有着重大影响。

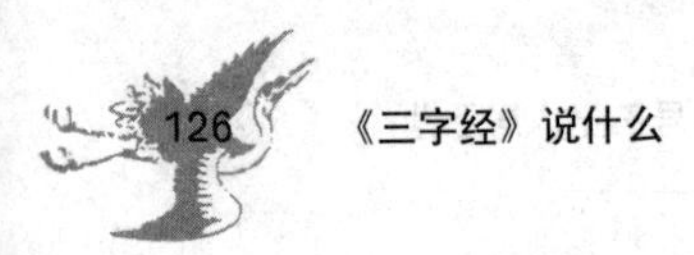

燧人氏钻木取火，使人们告别了茹毛饮血、生吞活剥的生活方式，开始制作熟食，也懂得用火取暖了。

伏羲氏剖析葫芦作瓢取用饮水，或者把葫芦拴系（匏系）在身上辅助涉水渡河，从而基本解决了饮和行的问题，生存能力再次跃升到新高度。古籍记载的有关伏羲氏的传说事迹很多，包括始作八卦、发明网罟、造书契、取牺牲以供庖厨、制九针、创制历法、作琴三十六弦、别姓氏、设立官制、与女娲共同创立并完善嫁娶之礼、发明陶埙礼乐等，这些事迹与葫芦的使用有关。有专家认为先民们在对葫芦花的了解和认识中形成了“花”的概念，葫芦花化生葫芦，中华先民因此自称“花人”也即“华人”，自诩为“能使用葫芦的人”，自成一族，这就是中华民族。伏羲氏因此被公认为中华民族的人文始祖。

神农发现了“茶”，并“制耒耜、种五谷、尝百草”，开创了真正的农业与医学，中华先民从此走向用自己的双手劳动生产食物的崭新阶段。

传说中的黄帝时代，有许多发明创造，像造宫室、造车、造船、制作五色衣裳，等等，人们认为都是黄帝发明的。传说黄帝有个妻子名叫嫘（léi）祖，她教妇女养蚕、缫丝、织帛。黄帝还有一个史官仓颉（cāng jié），创制过古代文字。中国古代的传说都十分推崇黄帝，后代的人都认为黄帝是华夏族的始祖，自己是黄帝的子孙。因为炎帝族和黄帝族原来是近亲，后来又融合在一起，所以我们也常常把自己称为炎黄子孙。

女娲氏是中国上古神话中的创世女神，是华夏民族人文先祖，福佑社稷之正神。相传女娲以黄泥仿照自己抟土造人，创造人类社会并建立婚姻制度；后因世间天塌地陷，于是熔彩石以补苍天，斩鳖足以立四极。女娲还是一个创造万物的自然之神，每天至少能创造出七十样东西。她开世造物，因此被称为大地之母，是民间广泛而又长久崇拜的创世神和

始母神。史料记载，女娲质展人口，抗洪救灾，规矩法度，平叛乱，正婚姻，定姓氏，制礼乐，教稼穑，命四时，制历法，树五方（东、南、西、北、中），对人类的贡献实在是太大了。

58. 唐有虞，号二帝。相揖逊，称盛世。

【译文】黄帝之后，有唐尧和虞舜二位帝王，尧把帝位禅让给才德兼备的舜，在两位帝王治理下，天下太平，人称盛世。

【解读】唐尧是汉族传说中上古时期的部落联盟首领，因其杰出功绩，被后世尊为“帝”，也被称为“圣王”，列入“五帝”。为帝喾次妃陈锋氏女庆都所生，伊祁姓，名放勋，号陶唐，谥曰尧，因曾为陶唐氏首领，故史称唐尧。据说生于丹陵（今河北保定伊祁山）。虞舜也是“五帝”之一，被奉为“华夏至圣”。相传其称号为有虞氏，姓姚（又姓妫），名重华，字都君，谥曰“舜”。因国名“虞”，故又称虞舜。他是帝颛顼的六世孙，自五世祖穷蝉起都是平民。出生地一般认为在姚墟（今河南濮阳）。

《尚书》记载，帝尧处理政务敬慎节俭，明察四方，善于治理天下，思虑通达，宽容温和。他对人恭敬，能够让贤。他发扬才智美德，使家族亲密和睦。设官掌管天地时令，辨明百官善恶。他命令羲氏、和氏根据日月星辰的运行情况制定历法，颁布天下，使农业生产有所依循。尧还带领百姓治理涝河，征伐苗民，推行公平的刑法，使得万邦和睦共处，友好交往，共同组成了中原部落大联盟。

史载尧之功臣九人，或说十一人，可谓人才济济。但他唯恐埋没人才，所以常常深入穷乡僻壤，寻查细访，求贤问道，察访政治得失，选用贤才。尧在位七十年时，感觉到有必要选择继任者。他早就认为自己的儿

子丹朱凶顽不可用，因此与四岳商议，请他们推荐人选。四岳推荐了舜。舜从小受父亲瞽叟、后母和后母所生之子象的迫害，屡经磨难，仍和善相对，孝敬父母，爱护异母弟弟象，故深得百姓赞誉。舜曾辛勤耕稼于历山，渔猎于雷泽（今属山东菏泽），在黄河之滨烧制陶器，在寿丘（今山东曲阜）制作日用杂品，在顿丘（今河南浚县）、负夏（今山东兖州）一带经商做生意。因品德高尚，在民间威望颇大。尧把自己的两个女儿娥皇、女英嫁给舜，以考察他的德行。舜和娥皇、女英住在沩水河边，依礼而行事，二女都对舜十分倾心，恪守妇道。尧又派舜推行德教，舜便教导臣民以“五典”——即父义、母慈、兄友、弟恭、子孝这五种美德指导自己的行为，臣民都乐意听从他的教诲，普遍依照“五典”行事。尧又让舜总管百官，处理政务，百官都服从舜的指挥，百事振兴，无一荒废，井井有条。尧还让舜在明堂的四门，负责接待四方前来朝见的诸侯。舜和诸侯们相处得很好，也使诸侯之间都和睦友好。远方来的诸侯宾客，都很敬重他。最后，尧让舜独自去森林中经受大自然的考验。舜在暴风雷雨中，能不迷失方向，依然行路，显示出很强的生活能力。经过三年的考察，尧觉得舜成熟可靠，能够建树业绩，便于正月上日（初一），在太庙举行禅位典礼，正式让舜接替自己，登上天子之位。之后尧退居避位，二十八年后去世。

舜即位后选贤任能，举用“八恺”“八元”等能人治理民事，放逐“四凶”，任命禹治水，完成了尧未竟的盛业。传说他巡狩四方，整顿礼制，减轻刑罚，统一度量衡。要求人民“行厚德，远佞人”，“直而温，宽而栗，刚而毋虐，简而毋傲”，孝敬父母，和睦邻里。在其治理下，政教大行，八方宾服，四海咸颂其功，因而《史记·五帝本纪》评说“天下明德皆自虞帝始”。据说舜在尧死之后，在位三十九年，到南方巡守时，死于苍梧

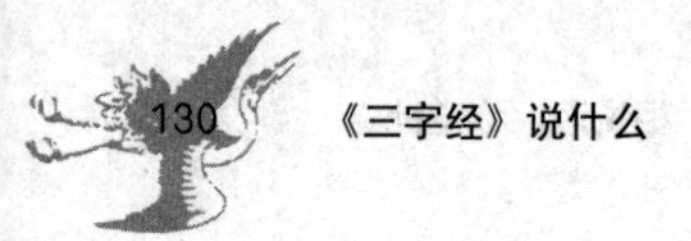

之野，葬于江南九疑山，称为“零陵”。

尧舜之盛世，来源于尧舜之圣德。今天的我们与其羡慕盛世，不如勤修圣德。

59. 夏有禹，商有汤。周文武，称三王。

【译文】夏朝有禹，商朝有汤，加上周朝的文王和武王，被后人称为“三王”。

【解读】禹，姓姒，名文命（也有禹便是名的说法），字（高）密。史称大禹、帝禹，为夏后氏首领、夏朝开国君王。禹治理黄河有功，受舜禅让而继承帝位。以阳城为都城（一说以安邑为都城），国号夏。禹是夏朝的第一位天子，后人也称他为夏禹。他是与尧、舜齐名的贤圣帝王。他最卓著的功绩，就是治理洪水，划定中国国土为九州。禹死后安葬于会稽山（今浙江绍兴市南）上，该处现仍存禹庙、禹陵、禹祠。有两个关于禹的典故流传最广。一是“三过家门而不入”：传说禹新婚不久，就离开妻子去治水。后来，他路过家门口，听到妻子生产、儿子呱呱坠地的声音，但怕耽误治水大事，就没有回家。等第三次经过家乡的时候，其子启正被母亲抱在怀里，已经能说话了，禹还是只是向妻儿挥挥手就又上路了。二是“涂山之会”：夏建立后，大禹在都城东南的涂山召开诸侯大会。会上，夏禹向诸侯说道：“我德薄能鲜，不足以服众，召集大家开这个大会，为的是希望大家明白恳切地责备、规戒、劝喻，使我知过，使我改过。”这两则典故充分展示了大禹勤勉为公、谦虚谨慎的品格。

商汤，即成汤，子姓，名履，又名天乙，商丘人，商部落首领。商汤在伊尹、仲虺等人的辅助下陆续灭掉邻近的葛国（今河南商丘宁陵）等方国，十一征而无敌于天下，而后灭夏。经过三千诸侯大会，汤被推

举为天子，定都亳（今河南商丘谷熟镇），国号为“商”，商汤成为商朝开国君主。商汤建立商朝后在位十三年，百岁而崩，庙号商太祖。因其长子太丁早逝，由次子外丙继位。商汤葬处据传有六处，说法最多的是在今河南商丘北面。关于汤也有两个典故。一是“见伊尹”：得知商汤是要去见伊尹，给他驾车的彭氏之子说：“伊尹只不过是一个曾做过奴隶的人。如果您一定要见他，只要下令召见，已是恩遇。”商汤说：“如果现在这里有一种药，吃了它，耳朵会更加灵敏，眼睛会更加明亮，那么我一定会喜欢而努力吃药。现在伊尹对于我国，就好像良医好药！”二是“网开三面”：一农夫挂好捕捉飞鸟的网后这样祷告：“愿天上飞下来的，地下跑出来的，从四方来的鸟兽都进入我的网中。”汤见后说：“这样做太残忍了。”就叫从人把张挂的网撤掉三面，只留下一面，祷告说：“天上飞的，地下走的，想往左跑的，就往左飞，想往右跑的，就往右飞，不听话的，就向网里钻吧。”说完起来对农夫和从人们说，对待禽兽也要有仁德之心，不能捕尽捉绝。由此可见汤的谦逊和仁德之心。

周文王姬昌（前1152年—前1056年），姬姓，名昌，季历之子，周朝奠基者。其父死后，继承西伯侯之位，故称西伯昌。他迁都丰京（今陕西西安），为武王灭商打好了基础。文王在位五十年间，勤于政事、善施仁德、增设官职、开拓疆域、创建周礼、演化《周易》、崇尚中道，是史上一代明君。死后葬于咸阳毕原。其子周武王灭商后追尊他为周文王。周武王（约前1087年—前1043年），姬姓，名发，西周王朝开国君主，在位十三年。他继承父亲姬昌遗志，于公元前11世纪消灭商朝，夺取全国政权，建立西周王朝，并分封诸侯，巩固统治。周武王心胸广阔，眼光长远，处事果断。看到商朝无道，他为民请命，替天行道，获得广大人民群众的拥护。在伐纣的过程中，他亲自带兵直捣朝歌。周武王以其杰出的个人魅力，受到人们的爱戴。

60. 夏传子，家天下。四百载，迁夏社。

【译文】夏朝的帝位由禹传到他的儿子，从此天下就成为一个家族所有了。经过四百多年，夏朝社稷变迁，统治结束。

【解读】夏朝（约前 21 世纪—约前 16 世纪）是中国史书中记载的第一个世袭制朝代。根据史书记载，禹死后，他的儿子启继承了他的权位，改变了原始部落的禅让制，开创了中国近四千年世袭制的先河，中国历史上的“家天下”，就从夏朝的建立开始。夏族的十一支姒姓部落与夏后氏中央王室在血缘上有宗法关系，政治上有分封关系，经济上有贡赋关系，大致构成了夏王朝的核心领土范围。夏之疆域西起河南省西部、山西省南部，东至河南省、山东省和河北省三省交界处，南达湖北省北部，北及河北省南部。这个区域的地理中心是今偃师、登封、新密、禹州一带。夏朝传十四代，共十七后（夏朝最高统治者在世时的称谓），延续约 471 年，遂为商朝所灭。后人常以“华夏”自称，使之成为中国的代名词。

出于对传统禅让制的尊重，禹曾推举东方颇有威望的偃姓首领皋陶为继承人，但皋陶没有等及禅让就死了。禹又命东夷首领伯益为继承人。禹死后，伯益为禹举行丧礼，挂孝、守丧三年后，没能得到权位，而启在民众的拥护下得到了君位。从此，禅让制被世袭制所取代。这标志着漫长的原始社会被私有制社会所替代。

夏氏族原姓姒，但从启开始改用国名“夏”为姓。同时启不再使用“伯”这个称号，而改用“后”，即“夏后启”。夏启死后，其子太康继承后位。太康只顾游玩，不理政事。东夷族有位善射的首领羿（即后羿），与当地的夏人通婚，形成了有穷氏。羿在夏民的拥护下夺取了政权，但自己没有称王，而是把太康之弟仲康立为王。仲康死后，其子相继位，随后相投奔与夏同姓的斟鄩、斟灌二氏。从此，羿独承王位。羿好射猎，不善治理，得权后，他像太康一样，好狩猎而荒废国事，废弃忠臣，重用不孝子弟寒浞。寒浞后来趁羿在外射猎的机会将羿及其家人杀掉，篡夺其权位。若干年后，相的遗腹子少康长大，投奔有虞氏（舜之后裔），做了庖正。有虞氏首领虞思将二女许配少康，赐给他田一成、众一旅，并把纶邑（商丘虞城县）交由少康管理。少康以纶邑为根据地组织起余下的夏族民众，设官分职。后与夏室遗臣靡联合击败了寒浞。夏复国，少康即位，世称“少康中兴”。少康之子杼（也作“予”）承后位后，把都城从原东迁至老丘（今河南开封东北部），开始厉兵秣马，讨伐东夷，夏朝的版图扩张到了东海（黄海）之滨。杼在位期间是夏朝最昌盛的时期。杼逝后，其子槐继位；此后依次继位的是芒、泄、不降、扃、廑、孔甲、皋、发、履癸。孔甲乱政后夏王朝的统治日益衰落，后经皋与发，到履癸（即桀）继位之后，已是内乱不止，外患频仍。桀只顾自己享乐，不顾民众疾苦，大约在公元前1600年，商部族首领汤率领方国部落讨伐桀，灭了亲夏部族韦、顾、昆、吾后在仓皇与桀开战。桀抵挡不过，边逃边战，最终战败于有娀氏旧址。桀逃至鸣条（一说今河南中部，一说今山西安邑），汤追至鸣条与其展开大战。桀再次被击败，被汤放逐于历山（一作鬲山）。鸣条之战后夏室覆灭，在方国部落的支持下，汤在亳（今河南商丘）称“王”。中国历史上第一个世袭制政权夏朝灭亡。

从夏朝这段历史我们看出，太康、后羿、夏桀都是因为只顾享乐、荒淫无道而导致国破家亡的。不管是怎样的制度，只要违背规律，不合民心，都不能确保统治者地位稳固。

61. 汤伐夏，国号商。六百载，至纣亡。周武王，始诛纣。八百载，最长久。

【译文】商汤讨伐夏朝，建立商朝。延续六百年，到商纣王时灭亡。周武王起兵诛杀商纣王，灭掉商朝，建立周朝，延续了八百多年，是中国历史上最长的朝代。

【解读】商部落首领商汤率诸部落于鸣条之战灭夏后在亳（今河南商丘）建立商朝。之后，商朝国都频繁迁移，其后裔盘庚迁殷（今河南安阳）后，国都终于稳定下来。商朝前后相传十七世三十一王，延续六百年左右。末代君主帝辛于牧野之战被周武王击败后自焚而亡。

帝辛一直想效仿他的先祖高宗武丁，建立不世之功，但他生性暴躁，晚年喜好美色，刚愎自用。自登基后，就开始了对东夷诸部落的战斗，连年征战致使国力大损，民生凋敝。纣王对待俘虏以及反对他的人打压严苛，导致东夷部落在姜子牙等人的策动下爆发了反对帝辛的叛乱。活动在渭河流域的姬姓周部落首领周武王姬发，继承父亲文王遗志，重用姜尚等人，使国力增强。当商的军队主力远在东方作战，国内军事力量空虚之时，周武王联合各个部落，率领兵车三百辆，虎贲（卫军）三千人，士卒四万五千人，进军到距离商纣王所居的朝歌只有七十里的牧野（今河南淇县西南），举行誓师大会，列数纣王罪状，鼓励军队同纣王决战。一战下来，商朝覆灭。

周武王灭商后建立西周（前1046年—前771年），定都于镐京和丰京（今陕西西安市西南）。武王建周后实施封建制度，大封皇族及功臣。约前1043年，周武王殁，子诵即位，是为周成王，由周公旦辅政。约前1041年，三监（蔡叔度、管叔鲜、霍叔处）联合纣王之子武庚叛乱，周公旦历经三年，于公元前1039年平定此乱，在伊、洛二水一带建设新的都邑，取周道始成之意，定名东都成周洛邑（今河南省洛阳市）。约前1021年，周成王殁，其子钊即位，是为周康王；约前996年，周康王殁。公元前1042年至公元前996年的四十六年间，天下安宁，刑错四十余年不用，东都成周建成，四方来朝，国力强盛，周朝进入巩固时期，史称“成康之治”。周康王死后，经过昭王、穆王时代，周朝实力大减。周懿王、周厉王时期，连年战乱，百姓苦不堪言。厉王死后，太子静即位，是为周宣王。宣王在位四十六年，励精图治，政通人和，史称“中兴”。但晚年时周王朝重新出现衰象。公元前781年，周幽王继位，朝政腐败，民怨四起；伐戎又惨遭失败；同时天灾频仍，周朝统治内外交困。公元前771年，周幽王被申侯和犬戎所杀。至此，西周覆亡，共经历十一代十二王，大约历经275年。周幽王死后，太子宜臼即位，是为周平王。鉴于镐京残破，又处于犬戎威胁之下，周平王于公元前770年，在郑、秦、晋等诸侯的卫护下，迁都洛邑（今洛阳），建立了东周王朝。东周时期又称“春秋战国”，分为“春秋”及“战国”两部分。周朝是中国第三个也是最后一个世袭奴隶制王朝，其后秦汉开始成为具有从中央到地方的统一政府的大一统国家。

周朝（前1046年—前256年）共传三十一代三十八王，大约历经七百九十一年。它之所以能够成为中国历史上延续时间最长的朝代，其政治制度和贤明君王发挥了重大作用，尤其是礼乐制度和自觉遵守礼法的君王作用最大。其衰亡也大多是统治者败坏礼法导致的。

62. 周辙东，王纲坠。逞干戈，尚游说。始春秋，终战国。五霸强，七雄出。

【译文】自从周平王东迁国都后，对诸侯的控制力就越来越弱了。诸侯国之间战争不断，游说成风。东周从春秋开始，到战国结束。春秋时期有“五霸”，战国时期有“七雄”。

【解读】周平王东迁以后，西土为秦国所有，在今山西的晋国，山东的齐、鲁，湖北的楚国，北京与河北北部的燕国，以及长江下游的吴、越等国，都在吞并了周围一些小国之后，强大起来。大国之间激烈争霸。当时持有一定政治和哲学主张的“士”，率领门徒游说于诸侯之间，陈说形势，“朝秦暮楚”，人杰辈出。

春秋时期的起讫，一说是公元前 770 —公元前 476 年；一说是公元前 770 —公元前 453 年；还有一说是公元前 770 —公元前 403 年。春秋时代周王的势力减弱，诸侯群雄纷争，齐桓公、晋文公、宋襄公、秦穆公、楚庄王相继称霸，史称“春秋五霸”。齐桓公在位期间任用管仲改革，选贤任能，加强武备，发展生产。以“尊王攘夷”为旗号，助燕败北戎，援救邢、卫，阻止狄族进攻中原；联合中原各国攻蔡，与楚在召陵（今河南郾城东北）会盟；又安定周朝王室内乱，多次会盟诸侯，成为中原霸主。晋文公谦而好学，善交贤能智士。对内拔擢贤能，对外联秦合齐，开创晋国长达百年的霸业。楚庄王自称霸中原后，不仅使楚国强大，威名远扬，也为华夏文化的传播、民族精神的形成发挥了一定的作用。秦穆公重视人才，任内获得了百里奚等贤臣的辅佐，曾协助晋文公回到晋国夺取君位。周襄王时出兵攻打蜀国和其他位于函谷关以西的国家，开地千里，因而周襄王任命他为西方诸侯之伯，遂称霸西戎。宋襄公助齐国平定内乱，拥立齐孝公。后雄心勃勃，想继承齐桓公的霸业。可惜败于楚军，重伤而卒。春秋中期，出现了一个比较和平的时期。中后期经济有了迅速发展，出现了私田的开发和井田制的瓦解这一社会变化。公元前 453 年，韩、赵、魏三家联手在晋阳打败智氏，其后逐步瓜分晋国。公元前 379 年，齐国田氏取代姜姓成为齐侯，是为“田齐”。于是，七雄并立，互相争霸的时代逐步到来，春秋时期走向了战国时期。

到战国时期（前 475 年—前 221 年，一说前 403 年—前 221 年），实力最强的七个诸侯国分别为秦、齐、楚、燕、韩、赵、魏，被称作“战国七雄”。除七雄外，还有越、巴、蜀、宋、中山等实力略强一些的大国。小国尚有郑、卫、东周、鲁、滕、邹、费等。另外还有不少少数民族分布在四周，北与西北有林胡、楼烦、东胡、义渠，南有巴国、蜀国、闽越。战国前期，各国将精力用在内部治理上，纷纷广招贤能，励精图治，发生了李悝、吴起、商鞅等人的变法革新活动。战国中期，大战频仍，国无宁日。为保证自己的生存和扩大国土势力，各国君主相继称王，独霸一方。一方面加强中央集权，改革图强，加强军备；另一方面，在外交上采取不断争取别国以自保或扩张的“合纵”“连横”方针。战国后期，秦昭襄王用范雎为相，“远交近攻”，破坏了各国的“合纵”，加强了秦国的国力和军事实力，成了战国时期的第一强国，削弱了各国的力量。战国时期虽然战乱不止，其思想、学术发展却进入黄金时期，“百家争鸣”的盛况得以延续，而且更加声势浩大。这一时期，中原经济技术的新发展，各国相继图强而展开的举国变

法，名士的纵横捭阖，宿将的战场争锋，四公子的政治斡旋……诸如此类，不胜枚举，涌现出了大量为后世传诵的典故。战国时期也塑造了帝制中国的雏形。

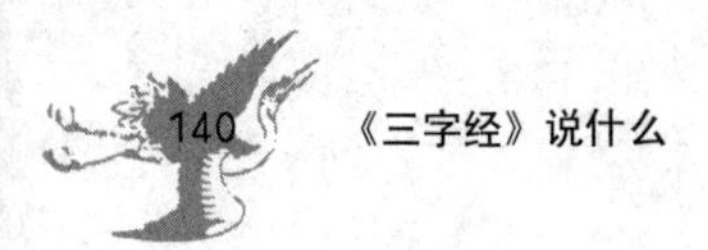

63. 嬴秦氏，始兼并。传二世，楚汉争。

【译文】战国末年，秦国势力日渐强大，渐渐兼并了其他诸侯国，建立了统一的秦朝。秦传到二世胡亥，天下又开始大乱，最后，形成楚汉相争的局面。

【解读】秦人是汉族西迁的一支。秦之先祖为先贤伯益，而伯益乃颛顼后裔，本为古部落首领，由于助禹治水有功，被舜帝赐姓“嬴”。至周孝王，伯益后人非子受封于秦地，便以封地为号，称为“秦嬴”。后来秦襄公又救周有功，被封为诸侯，秦始建国。秦孝公（前 381 —前 338 年），于公元前 362 年即位后（时年十九岁），向全天下颁布《求贤令》：“宾客群臣有能出奇计强秦者，吾且尊官，与之分土。”卫人鞅从魏国前来帮助秦孝公实行变法革新，并迁都咸阳（今陕西咸阳东北）。商鞅的重刑、弱民、抑商和禁旅等策略，使得秦国从一个西方不起眼的弱国迅速变为“天子致胙”“诸侯毕贺”的军事强国。

这里的“嬴秦氏”即秦始皇（前 259 年—前 210 年），嬴姓，赵氏，名政，秦庄襄王之子，出生于赵国都城邯郸。他十三岁继承王位，二十一岁亲政之后，任用尉缭和李斯等人，积极推行统一战略。从公元前 230 年灭韩国起，到前 221 年灭齐时止，首尾十年，陆续兼并了韩、赵、魏、楚、燕、齐六国，在占领的区域设置郡县，直属于秦王，从此结束了贵族王侯专政的王国时代，进入了君主专制的帝国时代。公元前 221 年，秦王嬴政统一六国，结束了长期的诸侯割据局面，建立了一个以咸阳为首都的幅员

辽阔的国家。秦王嬴政兼采传说中三皇五帝的尊号，宣布自己为这个国家的第一个皇帝，后世子孙代代相承，递称二世皇帝、三世皇帝，乃至万世皇帝。秦始皇三十九岁称皇帝，从即秦王位算起，共在位三十七年，是首位完成华夏大一统的铁腕政治人物。秦始皇在中央创建皇帝制度，实行三公九卿，管理国家大事；地方上废除分封制，代以郡县制，同时书同文，车同轨，统一度量衡；对外北击匈奴，南征百越，修筑万里长城，修筑灵渠，沟通水系。他把中国推向了大一统时代，为建立专制主义中央集权制度开创了新局面，奠定了中国两千余年政治制度的基本格局，被明代思想家李贽誉为"千古一帝"。同时，也因为残暴不仁、焚书坑儒，而被后人骂为千古罪人。

前 210 年，秦二世胡亥即位。他进一步加重对农民的剥削和压迫，继续修建阿房宫，继续发民远戍，致使农民的困苦达到极点。秦二世元年（公元前 209 年）秋，陈胜、吴广在大泽乡领导大规模农民起义，附近农民斩木揭竿纷纷参加。在起义军的影响下，许多郡县的农民杀掉守令，响应陈胜；特别是在旧楚国境内，数千人为聚者到处可见。公元前 206 年十一月左右，秦朝被推翻。

陈胜起义后，旧楚名将项燕之子项梁和项梁之侄项羽在吴（今江苏苏州）杀掉秦会稽郡守，起兵响应。原沛县亭长刘邦和一部分刑徒逃亡山泽，也袭击沛令起事，归入项梁军中。为了争夺天下，两支友军很快就变成了敌人。刘邦入咸阳后，项羽也立即率军入关，驻鸿门，然后进入咸阳，大肆烧杀掠夺，自立为西楚霸王，建立了西楚政权（前 206 年—前 202 年）。被项羽逼处巴蜀一隅为汉王的刘邦，于公元前 206 年五月，乘机进入关中，败项羽所封关中三王。接着领军东出，远袭彭城（今江苏徐州），退守于荥阳、成皋之间，与项羽相持。刘邦巩固了关中后方，又联络反对项羽的力量，转败为胜。刘邦与韩信、彭越等合攻项羽，项羽兵败垓下（今安徽灵璧境内），退至乌江（今安徽和县）自刎，年仅三十一岁。前 202 年二月，刘邦在定陶（今山东定陶县）称帝。汉胜楚败，使分裂形势得到控制，国家得以再次统一。

64. 高祖兴，汉业建。至孝平，王莽篡。

【译文】汉高祖打败了项羽，兴建了汉朝基业。到了孝平帝时，王莽篡夺了汉朝的政权。

【解读】汉高祖刘邦（公元前256年—公元前195年），沛丰邑中阳里（今江苏丰县西南）人，汉朝开国皇帝，汉民族和汉文化开拓者之一，中国历史上杰出的政治家，卓越的战略家和指挥家。

刘邦出身农家，为人豁达大度，不喜欢下地劳动。但他善交际，有气魄。后来担任沛县泗水亭长。陈胜起事后不久，他集合县中约三千子弟响应起义，攻占沛县等地，称沛公，不久投奔项梁。公元前206年十月，刘邦军进驻霸上（今陕西西安东部），秦王子婴向刘邦投降，秦朝灭亡。刘邦到达霸上之后，便召集当地的名士，与关中父老约法三章：杀人者死，伤人及盗抵罪，其他秦朝的苛刻法制一律废除。刘邦因此赢得了民心。楚汉战争前期，刘邦屡屡败北。但他知人善任，注意纳谏，能充分发挥部下的才能，又注意联合各地反对项羽的力量，终于反败为胜，击败西楚霸王项羽，统一天下。公元前202年二月初三，刘邦于定陶汜水之阳即皇帝位，定都长安，史称西汉。登基后，刘邦一面消灭韩信、彭越、英布、臧荼等异姓诸侯王，又裂土分封九个同姓诸侯王；另一方面，建章立制，采用休养生息的宽松政策治理天下，让士兵复员归家，豁免他们的徭役，重农抑商，恢复经济，稳定秩序；对匈奴采取和亲政策，开放汉与匈奴之间的关市，以缓和双方的关系。高祖十二年，刘邦因讨伐英布叛乱，被流矢射中，其后病重不起，

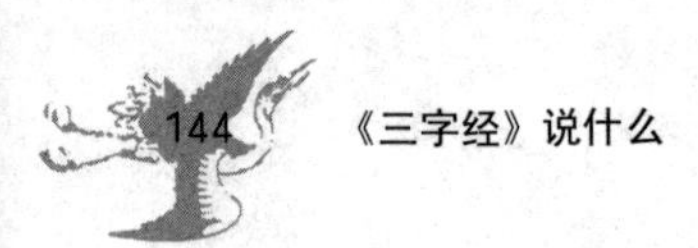

公元前195年去世，庙号太祖，谥号高皇帝。

高祖刘邦建立西汉以后，经汉惠帝刘盈、汉前少帝刘恭、汉后少帝刘弘、汉文帝刘恒、汉景帝刘启、汉武帝刘彻、汉昭帝刘弗、汉废帝刘贺、汉宣帝刘询、汉元帝刘奭（shì）、汉成帝刘骜、汉哀帝刘欣、汉平帝刘衎（kàn），后即被王莽篡夺了皇权。

王莽（公元前45年—公元23年），字巨君，汉元帝皇后王政君之侄，新朝的建立者。早年谦虚恭敬，节俭勤奋，博学多才，奉事老母至孝至敬，养护寡嫂兄子，以德行著称。成帝时被封为新都侯。哀帝时，外戚丁、傅两家辅政，王莽被迫告退，闭门自守。哀帝死后，王政君以太皇太后临朝称制，任王莽为大司马。王莽复任后拥立刘衎为平帝，总揽朝政，开始诛灭异己。同时大封汉宗室、功臣子孙和在朝大官为侯，广植党羽，以此获得了许多人的拥护。平帝死后，改立两岁的孺子婴为帝，自己以摄政名义据天子之位，称“假皇帝”。初始元年（公元8年），王莽接受孺子婴的禅让，自称皇帝，改国号为“新”，定年号为“始建国”，并下令变法：将全国土地改为“王田”，限制个人占有数量，禁止买卖；奴婢改称“私属”，亦禁止买卖；推行五均六管，以控制和垄断工商业，增加国家税收；屡次改变币制，造成经济混乱，农商失业，食货俱废；经常改变官制和行政区划等等。由于贵族、豪强的破坏，改制不但没有缓和社会矛盾，反而使阶级矛盾激化；又对边境少数民族政权发动战争，治内赋役繁重，横征暴敛，法令苛细，终于在公元17年爆发了全国性的农民大起义。公元23年，新王朝在赤眉、绿林等农民起义军的打击下崩溃，王莽也在绿林军攻入长安时被杀。王莽本人既是开国之君，又是亡国之君，新朝仅仅存活了十五年，是中国封建帝制时代最短命的王朝之一。

65. 光武兴，为东汉。四百年，终于献。

【译文】光武帝兴建的王朝称为东汉。西汉与东汉共延续四百多年，终结于汉献帝。

【解读】光武帝刘秀（公元前 6 年—公元 57 年），字文叔，南阳郡蔡阳县（今湖北枣阳市辖内）人，东汉王朝开国皇帝，中国历史上著名的政治家、军事家。新莽末年，海内分崩，天下大乱，身为一介布衣却有前朝血统的刘秀在家乡乘势起兵。25 年，刘秀与更始政权（绿林军拥立刘玄建立的政权）公开决裂，于河北鄗南千秋亭登基称帝。为表刘氏重兴之意，仍以“汉”为其国号，定都洛阳，又称东京，史称“东汉”。刘秀在位三十三年，大兴儒学、推崇气节，东汉一朝也被后世史家推崇为中国历史上“风化最美、儒学最盛”的时代。建武中元二年（57 年），刘秀在南宫前殿逝世，享年六十二岁。刘秀死后，其子刘庄继位，葬刘秀于原陵，上庙号世祖，谥号光武皇帝。

汉献帝刘协（181 年—234 年），汉灵帝刘宏次子，汉少帝刘辩异母弟，母灵怀皇后王荣，东汉最后一任皇帝，189 年至 220 年在位。因被董太后抚养，故称“董侯”，初封渤海王，后改封陈留王。189 年，董卓废汉少帝刘辩，立刘协为皇帝，后又挟持他迁都长安。董卓被王允和吕布诛杀后，董卓部将李傕等攻入长安，再次挟持了他，逃出长安。196 年，曹操控制了刘协，并迁都许县（今河南许昌），挟天子以令诸侯。220 年，曹操病死，刘协被曹丕控制，随后被迫将皇位禅让于曹丕。234 年，刘协寿终正寝，享年五十四岁，葬于禅陵（今河南省焦作市修武县北小风村），谥号孝献皇帝。

西汉与东汉合称两汉，是中国发展史上的第一个黄金时期。汉高祖刘邦至汉景帝刘启时期的汉朝，经济实力缓慢上升，成为世界第一大帝国，至汉武帝时期，大汉王朝已经成为世界上最强大的王朝，霍去病越千里大漠大败匈奴，最远到达现在的俄罗斯贝加尔湖附近。中亚和西域各大国也都闻而惧之。张骞出西域首次开辟了著名的“丝绸之路”，后汉军降服中亚大国大宛，西域臣服，开拓了“北绝大漠、西逾葱岭、东越朝鲜、南至大海”的广袤国土，奠定了现在中华的版图。两汉王朝有“文景之治”“汉武盛世”“昭宣中兴”“光武中兴”“明章之治”等辉煌时期。汉朝开疆拓土，国力强盛，人口众多，西汉全盛时甚至达到六千万人口，这是汉朝人口最鼎盛的时期。

两汉时期民族融合空前发展，文化科学异常活跃，对外交流意义重大。汉朝进一步奠定了汉民族的民族文化，西汉所尊崇的儒家文化成为当时和日后的中原王朝以及东亚地区的社会主流文化。到现今，“汉人”仍为多数中国人的自称，而华夏族逐渐被称为“汉族”，华夏文字亦被定名为“汉字”。汉武帝废黜百家，独尊儒术，儒学开始成为中国几千年的统治思想，并且最早在京师长安设太学，开始整理儒学中的经学作为教材，东汉光武帝时期太学生一度多达三万。汉明帝时期，佛教首次东渡中国，并在洛阳营建了第一座佛教寺庙白马寺，中国第一部汉译佛教经典就是在白马寺译出的《四十二章经》。东汉张道陵创立道教也是影响中国的大事。166年，大秦安敦王朝使臣来到洛阳，这是欧洲国家同中国的首次直接交往。汉光武帝时期，日本国使臣首次来中国，汉光武帝赐日本汉倭奴国金印。科技方面，汉和帝元兴元年（105年），蔡伦将改进过的造纸术奏报朝廷，造纸术成为中国四大发明之一，而同一时期，张衡发明了地动仪、浑天仪等。

从汉朝历史中，我们看到，一个国家的治乱兴衰，跟统治者的德能修养和全社会的文化教育关系最为密切。当今民族复兴中国梦的实现，也有赖于政治清明和文化振兴。

66. 魏蜀吴，争汉鼎。号三国，迄两晋。

【译文】魏国、蜀国、吴国争夺汉朝江山。这一段历史时期被称为三国时期，三国相争的局面，一直到晋朝建立才结束。

【解读】东汉末年，外戚专权，宦官秉政，政治腐败，天灾不断。汉灵帝中平元年（184 年），黄巾起义爆发，从此开始了近一百年的战乱时代。

黄巾起义被镇压后，外戚、宦官在内斗中失去权柄。永汉元年（189 年），董卓控制朝廷，初平三年（192 年），董卓被吕布所杀，李傕、郭汜控制东汉王朝。地方州郡长官在反董卓战争及后来的相互攻伐中逐渐壮大实力，形成了地方军阀割据的局面。曹操凭借“挟天子以令诸侯”的政治优势，经过多年的南征北战，先后消灭吕布、袁术等割据势力，降张绣、逐刘备，控制了兖州、豫州、徐州以及司州等地，后来又在官渡之战中任用谋士许攸，火烧袁绍军粮，以少胜多，击败了河北强大的割据势力袁绍，最终统一了北方。

建安十三年（208 年），曹操乘刘表病亡、荆州不稳之时出征荆州，刘琮束手无策，寄身荆州的刘备被迫退守夏口。同时，曹操对江东也是虎视眈眈。在刘备谋士诸葛亮与孙权谋臣鲁肃的共同推动下，孙刘结盟。其后孙刘联军大败曹军于赤壁，曹操被迫退回北方，这就是奠定三国鼎立局面的赤壁之战。刘备于是乘势占据荆州五郡，后分别于建安十九年（214 年）和建安二十四年（219 年）夺得益州和汉中，势力达到了极盛。

曹操于建安十五年（210 年）击破关中马超、韩遂等部，又命夏侯渊

西征，消灭了韩遂、宋建等割据势力，将凉州纳入势力范围之内。此后曹操数次南下，孙权亦曾数次北上，双方均未获得大的进展。

建安二十四年（219年）八月，刘备大将关羽攻打襄樊，擒于禁，斩庞德，围曹仁于樊城，许昌以南纷纷响应关羽，关羽一时威震华夏。但不久徐晃解樊城之围，曹操又采纳司马懿的建议，派人劝说孙权合攻关羽，孙权大将吕蒙设计偷袭荆州，杀关羽，至此荆州大部落入孙权之手。

延康元年（220年）冬，曹丕篡汉称帝，建都洛阳，国号“魏”，史称“曹魏”。三国正式开始。黄初二年（221年），刘备为了延续汉朝、兴复汉室，于成都称帝，国号“汉”，史称“蜀汉”或“季汉”。刘备为报孙权夺荆州、杀关羽之仇，在称帝后不久，就率数万大军东讨孙权，于222年被陆逊败于夷陵，蜀汉实力大损，成为三国中最弱小的一国。

孙权于222年被魏文帝曹丕封为吴王，229年在武昌（今湖北鄂城）称帝，国号“吴”，改元黄龙元年，史称“东吴”。后又迁都建业（今江苏南京），自此三国正式鼎立。

诸葛亮辅佐刘备之子刘禅与东吴孙权重新联盟，并致力于恢复国内生产。三国中后期，诸葛亮、姜维多次率军北伐曹魏，但始终未能改变三足鼎立的格局。

正始十年（249年），曹魏重臣司马懿发动高平陵之变，控制了大权。炎兴元年（263年），司马昭派钟会、邓艾、诸葛绪分兵三路南征蜀汉，与蜀汉大将军姜维发生拉锯战，钟会被挡于剑阁，邓艾避开姜维的锋芒，抄阴平小路直取涪城，进逼成都，刘禅投降，蜀汉灭亡。泰始元年（265年），司马昭之子司马炎迫使曹魏皇帝曹奂禅让而称帝，建立晋朝，史称西晋，仍定都洛阳。太康元年（280年），晋武帝司马炎大举伐吴，孙皓投降，东吴灭亡，三国时代结束。

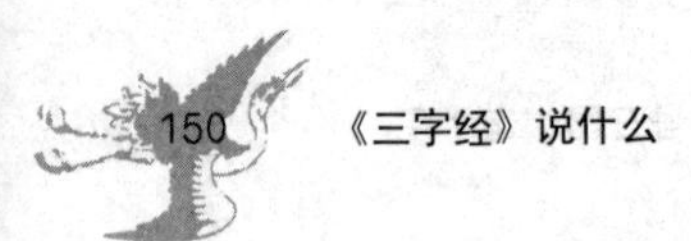

67. 宋齐继，梁陈承。为南朝，都金陵。

【译文】晋朝衰亡后，继之而起的是宋、齐、梁、陈四国，被称为“南朝”。国都都建在金陵。

【解读】南朝（公元420年—公元589年）：东晋之后建立于南方的四个朝代的总称。继公元420年东晋灭亡之后，在中国的南方地区相继出现了宋、齐、梁、陈四个汉族政权，与鲜卑族在北方建立的北魏、东魏、西魏、北齐、北周等政权对峙，史家将这段历史合称为“南北朝时期”。南朝继承了东晋的领土，其范围为中国南方——秦岭淮河以南的地区。

宋朝的开国皇帝刘裕于公元420年废掉了晋帝，自立为帝，国号为“宋”。为区别于后世赵匡胤建立的宋朝，史学家称之为“刘宋”。刘裕出身贫寒，其用人也多为贫寒出身，兵权则主要交于自己的皇子，所以没有重蹈东晋大族割据的覆辙。然而，由于皇子相互间的争权夺利，以至于最后相互残杀。422年，宋武帝刘裕卒，宋少帝、宋文帝相继即位。其中，文帝刘义隆在位的三十年间，是宋朝最繁荣的一段时期。公元454年，文帝薨。宋孝武帝、宋明帝先后为帝，但他们俩都是暴君，兄弟间相互残杀，政治一度混乱。南兖州刺史萧道成趁机形成较强的势力。479年，萧道成灭宋，建立齐，宋朝灭亡。

齐朝仅存二十三年。齐高帝萧道成借鉴了宋灭亡的教训，以宽厚为本，提倡节俭。他共在位四年，临死前，要求其子武帝继续其统治方针，不要手足相残。武帝遵其遗嘱，继续以仁德统治国家，使南朝又出现了一段相对稳定的发展阶段。武帝死后，齐国的皇帝纷纷杀戮自己的兄亲、叔侄，至东昏侯时，因其疑心过重，几乎将朝内大臣全部处死。齐国的江山又被动摇。501 年，雍州刺史萧衍起兵攻入建康，结束了齐的统治。

梁朝的建立者萧衍擅长文学，499 年被任命为雍州刺史，他乘齐国内乱，发兵消灭了东昏侯，助萧宝融夺取了皇位，后又逼其禅让，建立了梁朝。萧衍是为梁武帝，共在位四十八年。548 年，投降梁的东魏大将侯景倒戈。他以武帝从子萧正德为内应，进攻梁国。次年，侯景攻陷台城。不久，梁武帝被饿死于城中，其子萧纲即位，是为梁简文帝。551 年，侯景杀死简文帝。557 年，在讨伐侯景的战争中发展起来的陈霸先灭梁，建立陈。至此，梁宣告灭亡。

陈霸先废梁敬帝，自立为帝，建立陈朝，是为陈武帝。此时，中国南方经过了多年的战乱，经济遭到了严重的破坏。陈武帝与其继承者文帝、宣帝先后消灭了王僧辩、王僧智等反对势力，又在建康附近打败北齐军。公元 583 年，陈宣帝卒。其子后主陈叔宝即位，此时北方已被隋朝统一。公元 589 年，隋文帝杨坚灭陈，结束了中国魏晋南北朝长达三百余年（220 年—589 年）的分裂局面。

南朝各代的存在时间都较短。其中最长的不过五十九年（刘宋），最短的仅二十三年（萧齐），是中国历史上朝代更迭较快的一段时间。我们看到，这一时期政治混乱，朝代更迭频繁，根源都在人性丧失，人心混乱，家道不存，家风不正。所以，“欲治其国者，先齐其家；欲齐其家者，先修其身；欲修其身者，先正其心”。

从另一方面看，虽然南朝四个政权各自的存在都只有几十年，但作为汉族政权，他们在南方的统治为汉族文化在秦岭淮河以南地区的传播做出

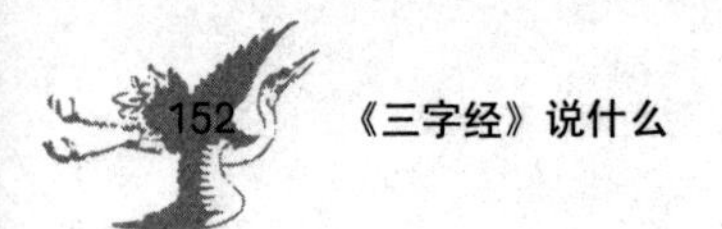

了贡献，同时在南方兴起了建康、江陵、扬州、成都等大城市，南方工商业也得到发展。所以，南朝客观上为华夏文明的延续、发展和传播做出了不可磨灭的贡献。

68. 北元魏，分东西。宇文周，与高齐。

【译文】北朝指的是元魏，元魏后来分裂成东魏和西魏。西魏被宇文觉篡了位，建立了北周；东魏被高洋篡了位，建立了北齐。

【解读】北朝（公元386年—公元581年）是中国历史上与南朝同时代的北方少数民族族政权的总称，其中包括了北魏、东魏、西魏、北齐、北周等数个王朝。

北魏（386年—557年），鲜卑族拓跋珪建立的封建王朝，是南北朝时期北朝第一个朝代。后孝文帝迁都洛阳，改本姓拓跋为元，所以历史上也称“元魏”。

从北魏分裂出来的割据政权东魏（534年—550年），都邺（今河北临漳县西，河南安阳市北），以晋阳（今山西太原市西南）为别都，权臣高欢坐镇晋阳遥控朝廷，势力范围有今河南汝南、江苏徐州以北，河南洛阳以东的原北魏统治的东部地区，历一帝，约十七年。534年，高欢所立的皇帝北魏孝武帝元修不愿做傀儡，被迫逃往关中投奔关陇军阀宇文泰。高欢转而拥立年仅十一岁的孝文帝的曾孙元善见为帝，即东魏孝静帝，东魏开始。550年，孝静帝禅位于高欢之子高洋，东魏灭亡。

西魏（535年—556年）也是由北魏分裂出来的割据政权。由宇文泰拥立孝文帝的孙子元宝炬为帝，与高欢所掌控的东魏对立，建都长安。至557年被北周取代，经历两代三帝，历时二十二年。管辖今湖北襄阳以北、河南洛阳以西，原北魏统治的西部地区。北魏永熙三年（534年），孝武帝元修脱离高欢，从洛阳逃至长安，投靠北魏将领、鲜卑化的匈奴人宇文泰。535年，宇文泰毒死元修后，拥立孝文帝的孙子南阳王元宝炬为帝，即魏文昭帝，改元大统，西魏开始。551年，元宝炬死，长子元钦嗣位。554年元钦被宇文泰所废，不久被毒死。元宝炬四子元廓即位，称元年，为了迎合宇文泰胡化运动而被迫改回复姓拓跋。魏恭帝三年（556年），宇文泰病死，侄子宇文护承继。557年宇文护得将领支持，迫使魏恭帝禅让于宇文觉，西魏灭亡。

557年初，宇文觉废魏恭帝自立为帝，即孝闵帝，建立北周。北周（557年—581年）又称后周（唐宋以后鲜用）、宇文周。历五帝，共二十四年。都长安（今陕西西安）。宇文觉年幼，大权掌握在堂兄宇文护手中。九月，宇文护杀孝闵帝，立宇文毓为帝（明帝）。武成二年（560年），宇文护又毒死宇文毓，立宇文邕为帝，是为北周武帝。

建德元年（572年），周武帝宇文邕杀宇文护，亲掌朝政，进行了多方面的改革。577年，北周灭北齐，统一北方。公元581年，杨坚受禅代周称帝，改国号为“隋”，北周亡。

北齐（550年—577年），是中国南北朝时的北方王朝之一。东魏权臣高欢死后，长子高澄继续专断魏政，将篡未篡之时，被家奴刺杀，其弟高洋袭位。这位“内虽明敏、貌若不足”的人，很快废掉东魏的傀儡皇帝孝静帝，于550年即帝位，国号“齐”，建元天保，建都邺城（今河北临漳县），史称北齐。历经文宣帝高洋、废帝高殷、孝昭帝高演、武成帝高湛、后主高纬、幼主高恒六帝。577年被宿敌北周消灭，享国二十八年。

这一段历史，给人一种血雨腥风的惨痛之感。为了争夺权位，亲子相残，主仆相杀，实在令人毛骨悚然！

69. 迨至隋，一土宇。不再传，失统绪。唐高祖，起义师。除隋乱，创国基。

【译文】到了杨坚建立隋朝的时候，国家重新统一。杨坚的儿子隋炀帝杨广即位后，荒淫无道，隋朝很快就灭亡了。唐高祖李渊起兵反隋，祛除了隋朝的乱局，创立起唐朝的基业。

【解读】隋朝（581 年— 618 年），是上承南北朝、下启唐朝的重要朝代。581 年北周静帝禅位给杨坚，杨坚定国号为“隋”，北周覆亡。

为了巩固隋朝的统治，隋政府在政治、经济、文化及外交等领域进行了大刀阔斧的改革。政治上，确立了影响后世深远的三省六部制，以巩固中央集权制度；开始以科考方式选拔优秀人才，弱化世族垄断仕官的能力；另外还完善了监察制度和考绩制度。这些行政措施强化了政府机制，深刻影响了后世封建王朝的政治制度。在军事上，继续推行和改革府兵制度。经济上，一方面实行均田法并改定赋役，减轻农民生产压力，另一方面采取“大索貌阅”（即按户籍上登记的年龄和本人体貌进行核对）和“输籍定样”（即根据定样标准划分户等上下，规定征岁差役与应纳税额，写成定簿）等清差户口的措施，以增加财政收入。外交方面，当时周边国家和境内的少数民族如高昌、倭国、高句丽、新罗、百济与臣服的东突厥等国皆深受隋朝文化与典章制度的影响，外交交流以日本的遣隋使最为著名。隋朝根据南北朝的经验而改革政治制度，又兴建大运河以及

驰道，改善水陆交通线，同时还兴建京都大兴城和东都洛阳。

隋末，朝廷横征暴敛，百姓民不聊生，爆发农民起义。大业十三年（617年）五月，太原留守、唐国公李渊在晋阳以尊隋为名起兵，一路势如破竹，十一月占领长安，拥立隋炀帝之孙代王杨侑为帝，改元义宁，即隋恭帝。李渊自任大丞相，进封唐王。义宁二年（618年）三月，隋炀帝死。五月，杨侑禅位于李渊，李渊称帝，定国号为“唐”，改元武德，仍定都长安，是为唐高祖。隋朝覆亡。唐降隋恭帝为酅国公，闲居长安。次年五月杨侑去世。而后，李渊册封长子李建成为太子，次子李世民为秦王，四子李元吉为齐王。

北周和南陈以及隋初留下的丰厚的财富，被隋末大乱破坏殆尽，经济遭到严重破坏，人口也骤降到两百余万户，外部突厥空前强大，东自契丹、室韦，西尽吐谷浑、高昌诸国，皆臣属于突厥，内部窦建德、薛举、刘武周、梁师都、李轨、王世充等割据势力也臣属于突厥。突厥想效法北魏道武帝，入主中原，外敌空前强大，中原王朝却被内部的严重分裂、混战严重削弱，形势十分严峻。李渊建立唐朝后，以关中为基地逐步统一天下。在入主关中前，先派使吹捧占据河南的瓦冈军李密，使其成为东方的屏障。入主关中后，派李世民平定西北金城的薛举、薛仁杲，派唐使安兴贵、安修仁生擒武威的李轨。620年派李世民击败入侵河东（山西省）的刘武周、宋金刚。而后洛阳郑帝王世充与河北夏王窦建德宣布结盟，联合抗唐。622年李世民击溃联军，俘虏窦建德，王世充投降。窦建德的余部刘黑闼也被李建成击溃，河北至此平定。623年辅公祏率杜伏威余部在丹阳反唐，隔年被唐军俘杀，江南平定。而两湖地区也在621年被唐将李靖平定，梁帝萧铣于江陵降唐。翌年，岭南冯盎降服，虔州林士弘病死，中国本部遂归唐朝所有。

70. 二十传，三百载。梁灭之，国乃改。

【译文】唐朝总共传了二十位皇帝，统治近三百年。梁朝建立，唐朝灭亡，国号也随之改变。

【解读】唐朝（618年—907年），是继隋朝之后的大一统王朝，历经二百八十九年，二十一位皇帝（正文所说“二十传”是因为排除了武则天）。因皇室为李姓，故又称为李唐。又因其政治、文化、制度等继承于隋朝并发扬光大，所以后世史学家常将两朝合称为隋唐。唐朝疆域辽阔，是版图最大的中原王朝，亦是唯一未修建长城的大一统中原王朝。唐代国土在西部及北部皆超出今日中国疆界的范围。

唐代科技、文化、经济、艺术等方面具有多元化的特点，在诗、书、画各方面涌现了大量的名家，如诗仙李白、诗圣杜甫，颜筋柳骨的颜真卿、柳公权，画圣吴道子、大李将军李思训，音乐家李龟年等。唐诗成为中国古诗不可逾越的巅峰。唐朝文化兼容并蓄，形成开放的国际文化，中国传统的两大宗教——道教和佛教都有较大发展。公元868年，中国印制的《金刚经》是目前世界上已知最早的有确切日期的雕版印刷。这一时期，中国的造纸、纺织等技术也通过阿拉伯地区远传到西亚、欧洲。

全盛时的唐朝是中国历史上的盛世之一，与当时的阿拉伯帝国并列为世界上最强盛的帝国。唐朝以后海外多称中国人为唐人。那时的新罗、高句丽、百济、渤海国和日本等周边属国在其政治体制与文化等方面都受到唐朝的很大影响。

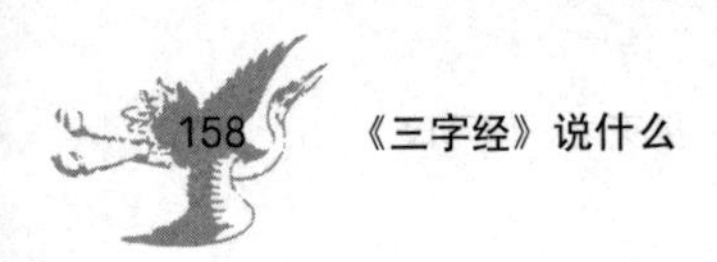

以安史之乱为界限，唐朝可分为前后两个时期。前期是昌盛期，后期则是衰亡期。唐高祖建立了唐朝，而唐太宗李世民领兵用十年时间完成了统一大业。李世民通过玄武门之变成功登位后，励精图治，使唐朝空前繁荣，出现了“贞观之治”，在政治、经济、文化等各方面都居于当时世界领先地位。此后，唐玄宗时期又出现了“开元盛世”，国强民富，升平之世再次出现。

“贞观之治”是指唐太宗在位期间的清明政治。唐太宗继承唐高祖李渊制定的尊祖崇道国策，并进一步将其发扬光大，运用道家思想治国平天下，取得天下大治的理想局面。期间唐太宗能任人廉能，知人善用；广开言路，尊重生命，自我克制，虚心纳谏；并采取了一些以农为本，厉行节约，休养生息，文教复兴，完善科举制度等有利于百姓和士子的政策；同时大力平定外患，并尊重边族风俗，稳固边疆，使得社会出现了安定的局面。当时年号为“贞观”（627 年—649 年），故史称“贞观之治”。这是唐朝的第一个治世，为后来的“开元盛世”奠定了厚实的基础。

“开元盛世”是指唐玄宗在位期间的一段繁荣时期。唐玄宗在位四十四年，治国之道以道家清静无为思想为宗，提倡文教。唐玄宗在位前期政治清明，励精图治，任用贤能，使得天下大治，社会经济繁荣，人口增多，国家财政收入稳定，国力增强，唐朝进入全盛时期。因当时年号为“开元”，史称“开元盛世”。

唐玄宗改元天宝后，志得意满，开始放纵享乐，从此少问国事。胡人安禄山在天宝十四年（755 年）十一月趁唐朝政治腐败、军事空虚之机和史思明联合发动叛乱，次年叛军攻入首都长安，史称“安史之乱”。这场战乱经过八年才被平定。安史之乱使得唐朝元气大伤，从此由盛转衰。904 年，朱温胁迫唐昭宗迁都洛阳。907 年朱温篡唐，唐朝从此灭亡，后梁建立，中国历史进入五代十国时期。

71．梁唐晋，及汉周。称五代，皆有由。

【译文】后梁、后唐、后晋、后汉和后周五个朝代的更替时期，历史上称作“五代”，这五个朝代的更替都有着一定的原因。

【解读】“五代”是指907年唐朝灭亡后依次更替的位于中原地区的五个政权，即后梁、后唐、后晋、后汉与后周。960年，赵匡胤篡后周建立北宋，五代结束。而在唐末、五代及宋初，中原政权之外存在过许多割据政权，其中前蜀、后蜀、吴、南唐、吴越、闽、楚、南汉、南平（荆南）、北汉等十个割据政权被《新五代史》及后世史学家统称十国。

907年，朱温篡唐建立后梁，这是五代的开始。923年，盘踞太原的晋王李克用之子李存勖灭后梁，后唐建国。后唐的四代君王均源出李克用的子孙与部属。后唐历经明宗的扩张与整顿，国力强盛，但发生内乱后，于936年被石敬瑭以割让燕云十六州为代价引契丹军攻灭，后晋建立。947年，契晋关系恶化，契丹军南下灭后晋，契丹遂在开封改号为辽。同年刘知远在太原建立后汉，收复中原。951年郭威篡后汉建后周，其后世宗柴荣苦心经营，使后周隐隐有统一天下的希望，但柴荣在北伐燕云十六州时不幸病亡。960年，后周大将赵匡胤发动陈桥兵变，建立北宋，五代结束。除后梁太祖时期以及后唐建都洛阳外，后梁大部分时期和其他三代都以开封为都城。五代历时五十四年，有八姓称帝（后梁、后晋、后汉各一姓，后唐三姓，后周二姓），共十四帝。后梁和后周的君主是汉族人，后唐、后晋、后汉的君主是沙陀族人。他们都建国于华北地区，疆土则后梁最小，

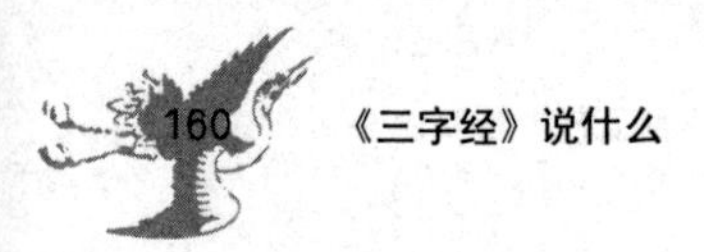

后唐最大。

十国方面，江南地区初期以吴国最强，后被李昪篡位，建国南唐，其次有吴越国与闽国等。湖广则被荆南、马楚与南汉等占据。南唐国力最强，先后攻灭闽国、楚国，但多次用兵，加之后期政治腐败，使得国力衰退，最后败于后周。而楚国故地不久又被武平军割据；闽亡后被南唐、吴越和清源军（泉、漳二州）三分。蜀地依次有前蜀、后蜀，国家富强，是仅次于南唐的强国，然而耽于安乐，最后分别亡于后唐和北宋。北方地区初期政权林立，除后梁外，有河东晋国、凤翔军岐国、卢龙军燕国、成德军赵国、义武军北平国以及定难军、归义军、河西军等政权，晋国在攻灭燕国并不断取得后梁河北之地后建立后唐，先后灭后梁、服岐国、收赵国与北平国，基本统一北方。而割据夏州一带的定难军后逐步统一了归义军、河西军等割据政权并大力扩张，最终建立了西夏王朝。北汉是十国中唯一在北方的一国，是后汉灭亡后由高祖刘知远之弟刘崇所建，部分史家学者认为北汉是后汉残余政权。赵匡胤建立宋朝后，与其弟宋太宗相继征服四方，最后于979年灭北汉，基本完成全国统一，十国结束。但北宋始终未能实现对定难军、归义军、河西军、静海军以及燕云十六州的统一。而割据交趾的静海节度使吴权于939年自立为王，静海军自此正式走上独立之路并永久脱离中国，逐步成为今日的越南。越南历史称吴权为前吴王，称该政权为吴朝。

五代十国本质上是唐朝藩镇割据和唐朝后期政治的延续。唐末黄巢起义后，藩镇割据形势更甚，部分实力雄厚的藩镇先后被封为王，所控制的地区实际上已是高度自主的王国。唐朝灭亡后，各地藩镇纷纷自立，其中地处华北地区、军力强盛的政权控制中原形成五代，但这些中原政权也不全由汉人建立，有些是沙陀族所建立的，这表明了当时民族融合程度之深。值得一提的是，自五代十国起，南方开始代替北方成为全国的经济中心。

72. 炎宋兴，受周禅。十八传，南北混。

【译文】赵匡胤接受了后周“禅让”的帝位，建立宋朝。宋朝相传了十八个皇帝之后，出现了南北混战的局面。

【解读】宋朝（960 年—1279 年）是上承五代十国、下启元朝的朝代，分北宋和南宋两个历史阶段，历十八帝，国祚三百十九年。

960 年，后周大将赵匡胤在陈桥发动兵变，建立宋朝。因其发迹在宋州（今河南商丘），故国号曰“宋”，因皇室姓赵，故也称作赵宋，又因五德终始说，宋朝为火德，故又别称“火宋”“炎宋”，尊称为大宋。宋朝定都汴梁，后改称为东京（河南开封），并先后设陪都西京（河南洛阳）、南京（河南商丘）、北京（河北大名）。后逐步统一中国，由于政权相对于后来的南宋而言位置在北方，所以被后世称之为北宋。靖康二年（1127 年），金兵攻陷东京，徽、钦二帝被金人掳去，北宋遂亡。靖康之变后，宋室被迫南迁。同年五月初一，宋高宗赵构在南京应天府（今河南商丘）登基，继承皇位，改元建炎，重建宋王朝，史称南宋，赵构成为南宋第一代皇帝。后将都城南迁至临安府（今浙江杭州），偏安一隅。

1276 年，忽必烈破南宋行都临安，宋朝亡国。但是宋室和广大的爱国军民始终没有投降，拼命抵抗。文天祥在陆地组织军民反抗元军侵犯，陆秀夫等人和宋室在海上漂泊，组成行朝。1279 年，宋军和元军在崖山爆发决战，宋军大败，宋末帝和爱国军民纷纷投海自尽，宋朝彻底灭亡。

宋朝是中国古代历史上经济、文化教育与科学创新高度繁荣的时代。

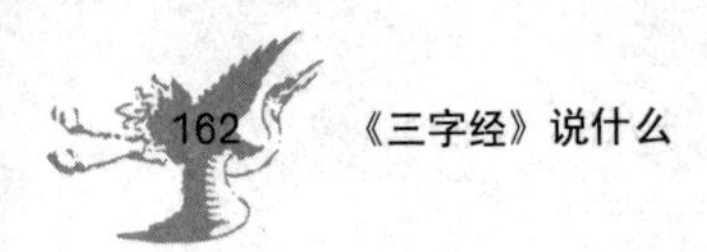

宋朝的经济繁荣程度可谓前所未有，农业、印刷业、造纸业、丝织业、制瓷业均有重大发展；航海业、造船业成绩突出，海外贸易发达，和南太平洋、中东、非洲、欧洲等地区五十多个国家通商。南宋时期对南方的开发，促成江南地区成为经济文化中心。两宋的科技成就，不仅成为中国古代科学技术史上的一个高峰，而且在当时的世界范围内也居于领先地位。中国古代四大发明，其中的三项——活字印刷、火药、指南针，就是在两宋时期得以完善或开始应用的。李约瑟博士把宋朝的沈括誉为“中国整部科学史中最卓越的人物”，而他的《梦溪笔谈》则是“中国科学史上的坐标”。宋朝出现了世界上最早的比较系统的法医学著作《洗冤录》。针灸也有了很大发展。药物学著作《经史证类备急本草》所收药物比往代医书新增四百七十六种。

宋朝完成了儒学复兴，传统经学进入了“宋学”的新阶段，产生了新儒学即理学，促进了儒、道、佛三家相互交汇的深入发展。文学方面，承继并完成了唐中期以来的古文运动，在唐宋散文八大家中，宋人占了六家。另外，宋词达到全盛，话本也在中国文学史上开辟了新的纪元。史学体裁多样，兴起了方志学、金石学，著作丰富，史家辈出，达到了中国古代史学发展的顶峰。书法、雕塑、石刻、绘画等，都达到了新的水平。佛教、道教亦有了新的发展。著名史学家陈寅恪说：“华夏民族之文化，历数千载之演进，造极于赵宋之世。”而西方与日本史学界中认为宋朝是中国历史上的文艺复兴与经济革命的人也不在少数。

73. 辽与金，皆称帝。元灭金，绝宋世。舆图广，超前代。九十年，国祚废。

【译文】辽人、金人都建立了国家，自称皇帝。最后蒙古人建立了元朝，灭了金朝和宋朝，统一了中国。元朝疆域广大，领土超过以前的每一个朝代。但它只维持了九十年，就被农民起义推翻了。

【解读】916 年，辽太祖耶律阿保机统一契丹各部称天皇帝，国号“契丹”，定都临潢府（今内蒙古赤峰市巴林左旗）。947 年，辽太宗率军南下中原，攻灭后晋，改国号为“辽”。983 年曾复更名“大契丹”，1066 年辽道宗耶律洪基恢复国号“辽”。1125 年辽为金国所灭。辽末，贵族耶律淳建立北辽，与西夏共同抗金，后被金灭。金末，辽宗室后代耶律留哥与其弟耶律斯不分别建立了东辽与后辽，最后东辽灭后辽，东辽又为蒙古所灭。辽亡后，耶律大石西迁到中亚楚河流域建立西辽，定都虎思斡耳朵（今吉尔吉斯斯坦共和国楚河州托克马克境内布拉纳城），1218 年被蒙古所灭。1222 年西辽贵族在今伊朗建立了小政权后西辽，后又被蒙古所灭。

辽朝全盛时期疆域东到日本海，西至阿尔泰山，北到额尔古纳河、大兴安岭一带，南到河北省南部的白沟河。契丹族本是游牧民族，为了保持民族性，辽朝将游牧民族与农业民族分开统治，开创出两院制的政治体制。并且创造了契丹文字，以保存自己的文化。此外，吸收渤海国、五代、北宋、西夏以及西域各国的文化，有效地促进辽朝政治、经济和文化各个方面的发展。辽朝的军事力量与影响力涵盖西域地区，因此在唐朝灭亡后中亚、西亚与东欧等地区更将辽朝（契丹）视为中国的代表称谓。

金朝（1115年—1234年）是女真族建立的北方政权。女真兴于今黑龙江、松花江流域及长白山地区，1115年，女真领袖完颜阿骨打称帝建国，国号“大金”。金朝建国后，展开以辽五京为战略目标的灭辽之战。五京一下，辽朝随即灭亡。金灭辽后，与北宋遂成敌国。金太宗完颜晟即位后，挟灭辽之威，很快席卷而南，于天会五年（1127年）灭亡北宋。女真在消灭辽朝和北宋后，统一了包括黄河流域在内的广大北方地区，并与南宋长期对峙。完颜亮在位期间，对南宋发动大规模战争，但以失败告终。金在与南宋、西夏并立期间，迫使西夏臣附、南宋屈辱求和，始终维持其霸主地位。金朝后期，统治集团极其腐朽，各民族起义风起云涌，同时又受到蒙古帝国（元帝国）军队的不断打击，终于亡国。

元朝（1271年—1368年）是中国历史上由蒙古族建立的统一帝国，定都大都（今北京）。1260年忽必烈即汗位，建元“中统”。1271年忽必烈取《易经》“大哉乾元”之意改国号为“大元”，先后消灭西夏、金朝、大理国等政权。1276年攻占临安，南宋覆亡。1279年经崖山海战后消灭南宋残余势力，完全统一中国，结束了自晚唐以来的分裂局面。元朝疆域空前广阔，北至贝加尔湖、东到日本海、西至天山、南在澎湖列岛设置巡检司。元朝实行一省制，在中央设中书省，左右丞相和平章政事处理政务；地方实行行省制度，开中国行省制度之先河。元代商品经济和海外贸易较繁荣，但其整体生产力不如宋朝。文化方面，出现了元曲和散曲等文化形式。1368年，朱元璋领导农民军攻占南京，随后北伐占领大都，元朝灭亡。此后元朝政权退居漠北，史称“北元”。1402年，元臣鬼力赤篡夺政权，建国“鞑靼”，北元灭亡。

74. 太祖兴，国大明。号洪武，都金陵。迨成祖，迁燕京。十六世，至崇祯。权阉肆，寇如林。李闯出，神器焚。

【译文】明太祖朱元璋起义，推翻元朝统治，建立大明，当上皇帝，号洪武，定都在金陵。到明成祖即位后，把国都由金陵迁到燕京。明朝共传了十六个皇帝，直到崇祯皇帝为止。明朝末年，宦官专权，贼寇繁多，以闯王李自成为首的起义军攻破北京，明朝灭亡。

【解读】明朝（1368 年— 1644 年，1683 年彻底灭亡），是中国历史上最后一个由汉族建立的统一中原王朝，历经十二世、十六位皇帝，国祚二百七十六年，是以汉族为主推翻蒙元统治，恢复中华建立的政权。

元朝末年，统治腐朽，经济崩溃，黄河决口，灾害连年。1351 年，韩山童、刘福通等在颍州起义。元至正十二年（1352 年），郭子兴、孙德崖等在濠州起义，出身贫苦的朱元璋参加到郭子兴等人的队伍中。1355 年郭子兴死后，起义军由朱元璋领导。通晓法家学说、智勇双全的李善长投靠朱元璋的队伍后，向朱元璋陈说了平定天下的方略。元至正十六年（1356）三月，朱元璋亲率水陆大军攻克集庆（江苏南京），改名应天府。然后他接受朱升“高筑墙、广积粮、缓称王”的策略，召集、重用刘基、宋濂等贤能的武将谋士，以应天为中心，四处征战，依次攻占附近的元军据点。元至正二十三年（1363 年），陈友谅率领大军，进

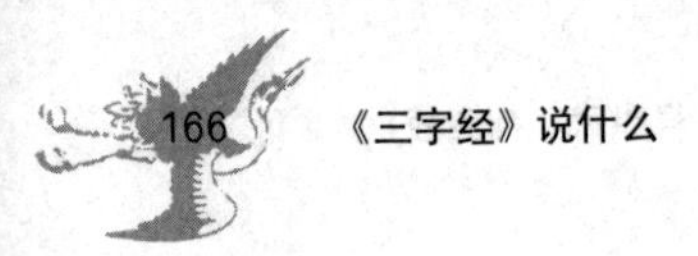

攻洪都（江西南昌），朱元璋亲自率军援救。一场为期三十六天的鄱阳湖大战后，陈友谅战死，朱元璋乘胜攻取武昌。元至正二十四年（1364年）正月，朱元璋即吴王位，后又攻灭了张士诚，降伏了方国珍。此后，朱元璋南征北伐，节节胜利。元至正二十八年（1368年），朱元璋在应天即皇帝位，定国号为“大明”，建元洪武，设官分职，封赏文武百官，开始了明王朝的统治。

明初定都于应天府，1421年迁都北京，同时复原南京的名号，作为陪都。明朝前期国力强盛，开创了洪武之治、永乐盛世、仁宣之治等盛世，国力达到全盛，疆域辽阔，嘉靖以前“东起朝鲜，西据吐番，南包安南，北距大碛，东西一万一千七百五十里，南北一万零九百四里”，南海的“千里长沙，万里石塘”尽入版图。中后期由于政治腐败和天灾导致国力下降，爆发大规模民变。1644年，李自成攻入北京，崇祯帝朱由检于煤山（今景山）自缢。明朝宗室在江南建立南明政权，随后清军趁乱入关，击败李自成农民军和南明政权。1662年永历帝朱由榔被杀，南明覆亡。1683年清军攻占台湾，明朝郑氏政权结束。

明朝时期手工业和商品经济发达，出现商业集镇和资本主义萌芽。从1405年到1433年，明成祖派遣宦官郑和前后七次出使西洋，历经了亚非三十多个国家和地区，最远到达非洲东海岸和红海沿岸。这是世界航海史上的壮举。明武宗正德七年（1512年），葡萄牙国王派出一支对华使团前往中国，中国皇帝同意葡萄牙人在澳门开设洋行，修建洋房，并允许他们每年来广州“越冬”。这是西方国家第一次正式性地登陆中国并接触中国。明朝的文化艺术呈现世俗化趋势。文学以小说达到的艺术成就最高，长篇小说中的《三国演义》《水浒传》和《西游记》，堪称一代巨著。永乐元年（1403年），明成祖命翰林院大学士解缙等编修《永乐大典》，历时六年终于完成。全书共22937卷，装订11095册，是中国历史上规模最大的一部类书，也是迄今世界所公认的一部大型百科全书。

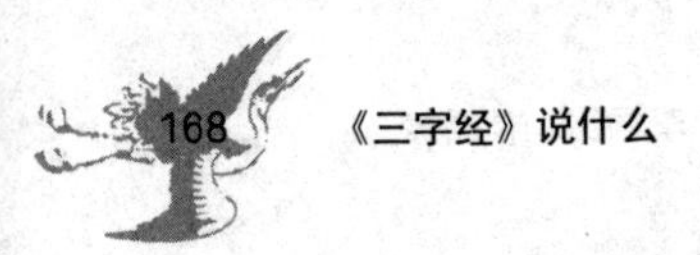

75. 清世祖，膺景命。靖四方，克大定。由康雍，历乾嘉。民安富，治绩夸。

【译文】清世祖登上帝座，顺应天命，平定了各地的混乱局面，使人民过上安定的生活。之后，由康熙、雍正，到乾隆、嘉庆四位皇帝期间，人民生活安定，国家富强，治理业绩值得赞叹。

【解读】1616年，建州女真部首领努尔哈赤建立后金。1636年，皇太极改国号为“大清”。1644年，李自成率大顺军攻占明朝国都北京。一片石之战后，清军趁势入关，逐步掌握全国。后历经康雍乾三朝，发展至鼎盛。

清世祖爱新觉罗·福临（1638年—1661年），清朝第三位皇帝、清朝入关的首位皇帝。他是清太宗第九子，崇德三年（1638年）出生在沈阳故宫永福宫，生母为孝庄文皇后博尔济吉特氏。年号顺治，在位十八年，享年二十四岁。福临亲政后，招降弥乱，推行屯田，整顿吏治，推广汉化。顺治十六年（1659年），除东南沿海之外，全国的领土基本得到统一。

康熙帝，即清圣祖仁皇帝爱新觉罗·玄烨（1654年—1722年），清朝第四位皇帝、清定都北京后第二位皇帝。年号康熙：康，安宁；熙，兴盛——取万民康宁、天下熙盛之意。他八岁登基，十四岁亲政，在位六十一年，是中国历史上在位时间最长的皇帝。康熙的一生，既能纵横疆场、运筹帷幄，又能经世济民、安邦治国，达到了儒家标准的“内圣外王”境界。康熙在位期间兢兢业业，把全部精力和学识、才能贡献于

统一国家、捍卫主权、发展生产等方面，为中国社会的前进做出了重要贡献，不愧为中国历史上的一位英明君主。

雍正，为清世宗的年号，1722 年至 1735 年在位，前后共十三年。雍正皇帝在位期间，清朝显示出一片繁荣昌盛的景象。乾隆，清高宗爱新觉罗·弘历（1711 年— 1799 年），清朝第六位皇帝、入关之后的第四位皇帝。年号“乾隆”，寓意“天道昌隆”。二十五岁登基，在位六十年，禅位后又任三年零四个月太上皇，实际行使国家最高权力长达六十三年零四个月，是中国历史上实际执掌国家最高权力时间最长的皇帝，也是中国历史上最长寿的皇帝。弘历在位期间清朝达到了康乾盛世以来的最高峰，汉学在此期间得到了很大的发展。弘历进一步完成了多民族国家的统一，在位期间五次普免天下钱粮，三免八省漕粮，减轻了农民的负担，并且重视水利建设，使得清朝的国库日渐充实。弘历在平定边疆地区叛乱方面做出了巨大成绩，维护了国家的统一并拓广了领土，完善了对西藏的统治，正式将新疆纳入中国版图，清朝的版图由此达到了最大化。乾隆年间，民间艺术也有了很大发展，如京剧就形成于此时。但是乾隆后期奢靡，吏治有所败坏，多地爆发起义。且他开始实施的闭关锁国政策也令中国大大落后于世界文明发展进程，使清朝统治出现了危机。同时，文字狱之风比康熙、雍正时期更加严酷。乾隆卒于嘉庆四年（1799 年），享年八十九岁。在康雍乾三朝一百多年的时间里，总体上国家富强，人民生活安定，是清朝最鼎盛的时期。

嘉庆为清朝入关以来第五位皇帝清仁宗爱新觉罗·颙琰的年号。嘉庆于 1796 年即位，时年三十六岁，在位二十五年。卒于嘉庆二十五年（1820 年），终年六十一岁。嘉庆帝在内乱频仍、外患渐逼的困境中，倾全力试图维护清王朝的稳定和巩固，然而不可逆转的历史发展趋势，使清王朝的败落于嘉庆末年已完全表面化，清朝从此日渐走向衰亡。

76. 道咸间，变乱起。始英法，扰都鄙。同光后，宣统弱。传九代，满清殁。

【译文】清朝道光、咸丰年间，发生了变乱。从英、法两国开始，外国列强频繁搅扰京城和边邑。同治、光绪皇帝以后，清朝的国势已经破败不堪，当传到第九代宣统皇帝时，清朝就灭亡了。

【解读】清宣宗道光皇帝爱新觉罗·旻宁，为清仁宗嘉庆皇帝第二子，生于乾隆四十七年（1782 年）。嘉庆二十五年（1820 年）仁宗病死后，旻宁继位，第二年改年号为“道光”。

道光十九年（1839 年）初，道光帝任命林则徐为钦差大臣，到广东禁烟，林则徐将收缴的 19187 箱、2119 袋，总计 2376254 斤的鸦片，在虎门当众销毁。道光二十年（1840 年）六月，英国远征军到达中国海面，封锁海口，第一次鸦片战争爆发。随着战事的发展，英军围困清军于珠江口，进而攻占浙江定海（今舟山市），直逼天津大沽口。道光帝忙派琦善等人与英军谈判，最后对英军妥协，将林则徐、邓廷桢、杨芳等主战派查办，重用穆彰阿、琦善、奕山等人，重新开放广州。英军并不满足，继续对虎门、宁波、厦门等地进行攻击，并于 1842 年攻占吴淞。道光二十二年（1842 年）八月二十九日，清政府与英国签下了中国近代史上的第一个不平等的条约——《南京条约》。条约规定：中国割让香港岛给英国；赔偿英国共 2100 万元（墨西哥银圆）；开放广州、福州、厦门、宁波、上海为通商口

岸等。此后，清政府又与法国签订了《黄埔条约》，和美国签订了《望厦条约》，中国开始沦为半封建、半殖民地的社会。

咸丰帝，全名爱新觉罗·奕詝，道光帝第四子，在二十岁时登基，是清朝通过秘密立储继承皇位的最后一位皇帝。咸丰登基不久就发生了太平天国农民起义，之后又有英法联军进攻北京火烧圆明园，清王朝再次签订了一系列不平等条约。

同治，清穆宗爱新觉罗·载淳的年号，对应年份为1862年至1874年。同治年间，发生太平天国、捻军、苗民、回民等多次农民起义，内忧外患进一步加重。同治帝主政期间，采用洋务派"自强"和"求富"的方针，开办一些新式工业，训练海军和陆军以加强政权实力，被清朝统治阶级称为"同治中兴"。

光绪帝，清德宗爱新觉罗·载湉（1871年—1908年），清朝第十一位皇帝、定都北京后的第九位皇帝，在位三十四年。在中日甲午战争中，光绪帝极力主战，反对妥协，但终因朝廷腐败，而以清朝战败告终。光绪二十四年（1898年），光绪帝实行"戊戌变法"，却受到以慈禧太后为首的保守派的反对，光绪成为无枷之囚。光绪三十四年（1908年），这位囚徒皇帝暴崩，享年三十八岁。

宣统是爱新觉罗·溥仪（1906年—1967年）的年号，起止时间为1909年至1912年。宣统帝是清朝第十二位皇帝、清朝入关以来的第十位皇帝，同时也是清朝和中国封建王朝最后一位皇帝。"九·一八"事变之后，他在日本人的控制下做了满洲国的傀儡皇帝，年号"康德"（1934年—1945年）。1911年，辛亥革命爆发，清朝统治开始瓦解，1912年2月12日，溥仪被迫退位，从此结束了中国两千多年来的封建帝制。

清朝（1616年—1912年）是中国历史上第二个由少数民族建立的

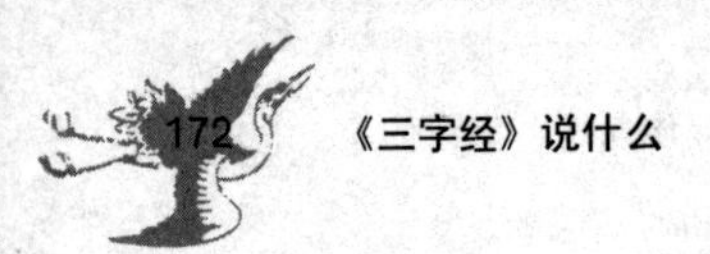

统一政权，也是中国最后一个封建帝制国家。共有十二帝，道光以后，则一代比一代弱。自顺治入关至宣统退位，清朝共传了九代十帝，共计二百六十八年的历史。

77. 革命兴，废帝制。立宪法，建民国。古今史，全在兹。载治乱，知兴衰。

【译文】辛亥革命兴起，废除了帝制，设立了宪法，成立了中华民国政府。从三皇五帝到建立民国的古今历史，全在这里。它记载了各朝各代的治与乱，从中我们可以了解各朝各代的兴与衰。

【解读】辛亥革命是指 1911 年（清宣统三年）中国爆发的资产阶级民主革命。它是在清王朝日益腐朽、帝国主义侵略进一步加深、中国民族资本主义初步成长的基础上发生的。其目的是推翻清朝的专制统治，挽救民族危亡，争取国家的独立、民主和富强。这次革命结束了中国长达两千年之久的君主专制制度。

中华民国是从清朝灭亡至中华人民共和国建立期间的国家名称和年号，简称民国，是中国历史上大动荡大转变的时期，也是半殖民地半封建社会的终结阶段。

19 世纪末年，由于清王朝腐败不堪和资本主义列强侵略的深入，尤其是中日甲午战争的失败，使中国陷入严重的民族危机。进步的中国人纷纷探求救亡图存的办法。以孙中山为首的一批志士仁人选择了革命救国的道路。1894 年，孙中山在檀香山组成兴中会，提出推翻清王朝，创立合众政府的主张。1898 年以康有为、梁启超为首的资产阶级改良派发动的维新变法的失败和随之发生的义和团运动以及八国联军的入侵，极大地刺激了中

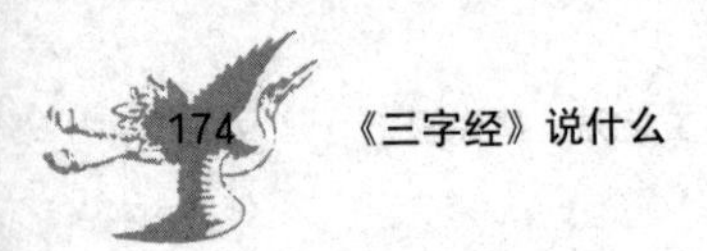

国社会各阶层，越来越多的人开始认识到，要救中国，必须推翻清政府。于是，孙中山倡导的反清革命迅速地发展成为广泛的社会运动。

1911年10月10日，革命党人发动武昌起义，并在随后的两个多月带动中国各地响应革命。12月29日，清朝原有的二十二个行省中业已独立的十七个省，派出代表推选刚刚返国的孙中山先生为中华民国临时大总统。1912年1月1日，孙中山宣誓就职，亚洲第一个民主共和国——中华民国正式成立。1912年1月至3月，中华民国临时政府以《中华民国临时约法》为临时宪法，以南京为临时首都。2月12日，在清朝内阁总理大臣袁世凯等大臣的劝说下，宣统帝溥仪的母亲隆裕太后发布退位诏书，“将统治权归诸全国，定为共和立宪国体……为一大中华民国”。至此，中华民国正式取代大清帝国。

1912年4月孙中山辞职，临时参议院选择袁世凯任临时大总统，首都迁至北京。此后至1928年间称为“北洋时期”，该时期的中华民国政府也称为“北洋政府”。1928年南京国民政府完成二次北伐，攻克北京，改北京市为“北平特别市”（简称“平”），并立南京为首都（简称“京”）。根据1924年《国民政府建国大纲》，“军政”时期在1928年北伐成功、全国统一后结束，“训政”时期开始。由于国共内战继续，以及日本侵华，直到1946年方订定《中华民国宪法》，并于1947年颁行，“训政”时期始告结束。1937年，日本先后攻陷华北、淞沪、南京，占据中国大量领土，国民政府被迫自南京迁往重庆，展开十四年抗战的后八年全面抗战。1945年8月15日，日本天皇宣布无条件投降。1946年国民政府还都南京，6月，蒋介石发动全面内战。1949年4月21日，毛泽东主席和朱德总司令发布向全国进军令。百万雄师强渡长江，摧毁了国民党军的防线，于23日解放南京，宣告了国民党在大陆二十二年统治的结束。

流行版《三字经》简要勾勒了从“三皇”时代到中华人民共和国成立以前的中国历史。

78. 史虽繁，读有次。史记一，汉书二。后汉三，国志四。兼证经，参通鉴。读史者，考实录。通古今，若亲目。

【译文】历史书虽然纷繁、复杂，但在读的时候应该有次序：先读《史记》，然后读《汉书》，第三读《后汉书》，第四读《三国志》。读的同时，还要参照经书，参考《资治通鉴》。读历史的人应该更进一步地去翻阅历史资料，了解古往今来事情的前因后果，就好像是亲眼所见一样。

【解读】在简要介绍了中国历史脉络之后，《三字经》接着介绍了阅读历史书籍的方法，就是要有先后次序，要有考证参照，要知前因后果。

这里列举了几种重要的历史著作。

《史记》，是由汉代的司马迁编写的中国历史上第一部纪传体通史，记载了从黄帝到汉武帝太初年间三千多年的历史。最初称为《太史公》，或《太史公记》《太史记》。《史记》规模巨大，体系完备，而且对此后的纪传体史书影响很深，历朝正史皆采用这种体裁撰写。同时，书中文字的生动性、叙事的形象性也是成就最高的。《史记》分本纪、表、书、世家、列传五部分。其中，“本纪”“世家”“列传”三部分，占全书的大部分篇幅，都是以写人物为中心来记载历史的，由此，司马迁创立了史书新体例“纪传体”。据司马迁说，全书有本纪十二

篇，表十篇，书八篇，世家三十篇，列传七十篇，共一百三十篇，约五十二万六千五百余字。

《汉书》，又称《前汉书》，由我国东汉时期的历史学家班固编撰，唐颜师古二度编撰，是中国第一部纪传体断代史，“二十四史”之一。《汉书》全书主要记述了上起西汉的汉高祖元年（公元前206年），下至新朝的王莽地皇四年（公元23年），共二百三十年的史事。《汉书》包括纪十二篇，表八篇，志十篇，传七十篇，共一百篇，后人划分为一百二十卷，共八十万字。

《后汉书》是一部由我国南朝宋时期的历史学家范晔编撰的记载东汉历史的纪传体史书。书中分十纪、八十列传和八志（司马彪续作）。全书主要记述了上起东汉的汉光武帝建武元年（公元25年），下至汉献帝建安二十五年（公元220年），共一百九十五年的史事。

《三国志》是由西晋史学家陈寿所著的记载中国三国时代的断代史书。陈寿曾任职于蜀汉，蜀汉覆亡之后，被征入洛阳，在西晋担任了著作郎的职务。《三国志》在此之前已有草稿，当时魏、吴两国先已有史，如王沈的《魏书》、鱼豢的《魏略》、韦昭的《吴书》，此三书当是陈寿依据的基本材料，蜀国无史，故自行采集，仅得十五卷。而最终成书，却又有史官职务作品的因素在内，因此《三国志》是三国分立时期结束后文化重新整合的产物。三国志最早以《魏书》《蜀书》《吴书》三书单独流传，直到北宋咸平六年（1003年），三书合为一书。

《史记》《汉书》《后汉书》《三国志》并称为“前四史”。

《资治通鉴》（常简作《通鉴》），是由北宋司马光主编的一部多卷本编年体史书，共二百九十四卷，历时十九年完成。主要以时间为纲，事件为目，从周威烈王二十三年（公元前403年）写起，到五代后周世

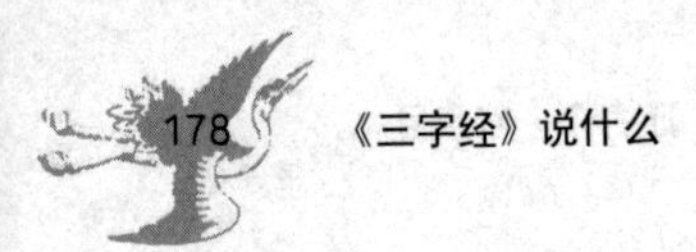

宗显德六年（公元959年）征淮南停笔，涵盖十六朝一千三百六十二年的历史。《资治通鉴》是中国第一部编年体通史，在中国官修史书中占有极重要的地位。

79. 口而诵，心而惟。朝于斯，夕于斯。

【译文】口里念诵，心念专一。从早到晚，心无旁骛。

【解读】这里讲到古人读书学习的方法。这些方法，对于现代人来说，可能比较陌生，一些明白其中奥妙的人按照这样的方法去实践了，便发现这样的方法真是绝妙。

我们来看看，这是一种怎样的方法呢？先从字面去体会吧。

“口而诵。”首先是要动口，要“诵”，也就是要用有高低抑扬的腔调来念。在口里念诵的同时，还要把意念集中到自己念诵的声音上，专心专意于念诵的词句上。从早到晚都把自己的心思放到念诵的声音、内容上。

为什么要这样做？这样做到底能够达到怎样的效果呢？没有深入研究和实践过，还真的不明白。笔者有缘接受具有传承的传统文化老师的教导，并亲自做过一些实践，才知道这种学习方法真是不可思议。

古人读书的目的，跟很多现代人有所不同。现代人读书，大都很现实，或者为了一个文凭、一项技能，或者为了一份职业、一个职位。当然，也有一些是为了消遣而读书的。而古人读书呢，多是“志在圣贤”，是把成为圣贤作为自己读书学习的目标。有了这样的目标，读书就成为一件庄严的事情。从取书、读书、放书的姿势，到念书音量的大小、声调的把握，都有严格的规矩。因为读的是圣贤书，所以正式读书还有仪轨，要向至圣先师顶礼以示尊敬，完全以一种恭敬的心态去读书。在这种恭恭敬敬的状态中读书，心不散乱，记忆、理解效果都比散漫地阅读效果要好很多。而

且，古人读书并不以读书的数量、掌握知识的多少来衡量效果，而是将通过读书改变心性、开发智慧、提升境界的程度，作为考量读书效果的依据。读书志在圣贤，圣贤是指品德高尚、有超凡才智的人。而高尚的品德、超凡的才智不是从记忆知识当中获得的，而是从一举一动的严格训练当中锤炼出来的。读书的过程本身也是训练圣贤气质的过程。静定安乐，就是圣贤气质的一种表现。这种气质，可以直接从读书的过程中训练出来。再把圣贤书籍当中的智慧用来修正自己心性、言语、行为上的偏差，久而久之，就越来越有圣贤气质了。

看看当今的人，甚至包括在校学生，很多人都处在浮躁的心境当中，常常感慨自己提不起兴趣、静不下心来读书了。这真是一种危险的状况。如何改变这种状况呢？直接从读书开始就可以。就按照这几句经文所说的方法，“口而诵，心而惟。朝于斯，夕于斯。”久而久之，浮躁的心态就会慢慢沉静下来。当一个人把自己的心思都用于读书上，他还会去计较那么多的利害得失、恩爱情仇，还会那样心神不宁、心浮气躁吗？

人的心就好比是一只鸟一样，总要有一个栖息之所，否则，他就只好一直在空中奋力飞行，当飞得筋疲力尽的时候，就会因为劳累而坠落摔死。若能静静地栖息于舒适的场所，就能享受到足够的幸福。现代人很少感受到幸福，是不是因为没有栖息之所了呢？不是没有，而是太多了，似乎处处都有吸引力，于是在众多的栖息所之间来回奔波，最后也是累得筋疲力尽，甚至连真正的家都找不到了。

回到经典，回到古人的智慧中去，从诵读圣贤经典开始，找回自己心灵的栖息之所，感受一份“读书志在圣贤”的高洁，享受一份“口诵心惟”的恬淡与从容吧！

80. 昔仲尼，师项橐。古圣贤，尚勤学。

【译文】从前，孔子曾向项橐学习。古代圣贤都是崇尚勤学的。

【解读】学习方法固然重要，但学习态度也不能忽视。这里举出了孔子向项橐学习的事例。

孔子（公元前551年—公元前479年），子姓，孔氏，名丘，字仲尼，春秋时期鲁国陬邑（今山东曲阜）人，祖籍宋国栗邑（今河南商丘夏邑）。中国著名的大思想家、大教育家、政治家。孔子开创了私人讲学的风气，是儒家学派的创始人。孔子曾受业于老子，带领部分弟子周游列国十四年，晚年修订六经，即《诗》《书》《礼》《乐》《易》《春秋》。相传他有弟子三千，其中七十二贤人。孔子去世后，其弟子及再传弟子把孔子及其弟子的言行、语录和思想记录下来，整理编成儒家经典《论语》。孔子在古代被尊奉为“天纵之圣”“天之木铎”，是当时社会上最博学者之一，被后世统治者尊为孔圣人、至圣、至圣先师、大成至圣文宣王先师、万世师表。其儒家思想对中国和世界都有深远的影响，他本人也被列为“世界十大文化名人”之首。

项橐（xiàng tuó），春秋时期莒国（今山东日照）的一位神童。

据古籍记载，项橐与同伴在泽州玩筑城墙。项橐往“城”里一坐，悠然自得。此时正巧孔子坐车路过此地，这“城”挡住了孔子的道。孔子见状，即问坐在“城”内的项橐：“小孩，你怎么不避让车子？”小项橐从容应对：“从昔至今，只听说车避城，哪里听说过城避车呀？”孔子无言而对，

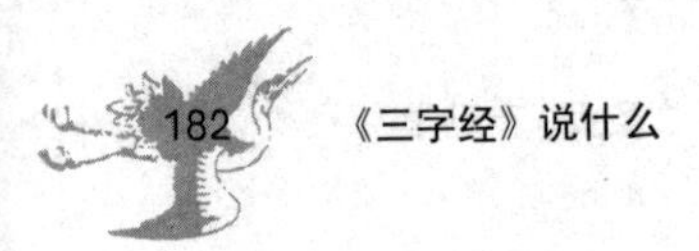

只好绕城而过。

车子绕过“城”后，孔子下车返身走到“城”下，向项橐提出了一系列问题。孔子问：“你知道何山无石？何水无鱼？何门无关？何车无轮？何牛无犊？何马无驹？何刀无环？何火无烟？何人无妇？何女无夫？何日不足？何日有余？何雄无雌？何树无枝？何城无使？何人无字？”项橐不紧不忙地回答：“土山无石，井水无鱼，空门无关，舆车（轿子）无轮，泥牛无犊，木马无驹，斫刀无环，萤火无烟，仙人无妇，玉女无夫，冬日不足，夏日有余，孤雄无雌，枯树无枝，空城无使，小儿无字。”

孔子一边听一边抚掌，口里念道：“善哉！善哉！”待项橐答毕，孔子说：“我车中有双陆局（一种古代博戏），和你一起玩玩怎么样？”谁知项橐却说：“吾不博戏也。夫子好博，风雨无期；诸侯好博，国事不治；吏人好博，文案稽迟；农人好博，耕种失时；学生好博，忘读书诗；小儿好博，答挞及之。此是无用之事，何用学之！”一番富有哲理的回答，令孔老夫子既难堪又佩服。

接着，小项橐反问了孔老夫子几个问题，结果孔老夫子连一个字也没回答出来，最后只好说：“后生可畏，我当拜你为师。”又回头对弟子们讲：“三人行必有我师矣。要不耻下问。”项橐以其非凡超众的智慧，难倒了孔圣人，被人们誉为“孔子师”。

从这个故事中，我们领悟到，学习态度中，谦虚、勤奋是最基本的。孔子这样万世景仰的圣人，都有无言以对的时候，都能够放下架子向年仅七岁的项橐请教，我们普通人还有什么可说的呢？学习最大的障碍就是傲慢，自以为是，不愿意跟人学习。这里举出孔子的故事，让人立刻放下傲慢之心。只要有了谦虚好学的态度，学习就有了良好的基础。

81. 赵中令，读鲁论。彼既仕，学且勤。

【译文】宋朝的赵普，官已经做到了中书令，还手不释卷地阅读《论语》。他已经当了高官，尚且勤奋学习。

【解读】这里又举出赵普勤奋学习的故事。

赵普（922年—992年），字则平，幽州蓟人，后徙居洛阳，北宋著名的政治家。显德七年（960年），赵普与赵匡胤发动陈桥兵变，以黄袍加于赵匡胤之身，推翻后周，建立宋朝。乾德二年（964年），任宰相，协助太祖筹划削夺藩镇，罢禁军宿将兵权，实行更戍法，改革官制，制定守边防辽等许多重大措施。992年因病辞世，追封真定王，赐谥“忠献”，宋太宗还亲撰并书写八分字神道碑赐给他。咸平元年（998年），又被追封为韩王。次年，宋真宗下诏赐予他配飨太祖庙的荣誉。

根据历史记载，赵普为人淳厚，沉默寡言，读书并不太多，但是对《论语》却是情有独钟。所以关于赵普，有“半部《论语》治天下”之说。

在我们的日常经验中，能够出将入相做出如此功绩的人，不是学富五车就是天资聪颖，或有过人胆识，然而赵普似乎并非如此。那么他何以能够做到呢？从《三字经》这几句话中，我们揣摩揣摩。

第一，赵普人道根基不错。从性格上看，他为人淳厚，沉默寡言。一个人成功的第一要素不是智商，而是德商和情商。淳厚的人少有敌对，多遇贵人；沉默寡言的人不惹是非，多善思考。正是他这种淳厚的品格，赢得了当地的豪门大户对他的欣赏，将女儿许配给他，让他有了一个好的背

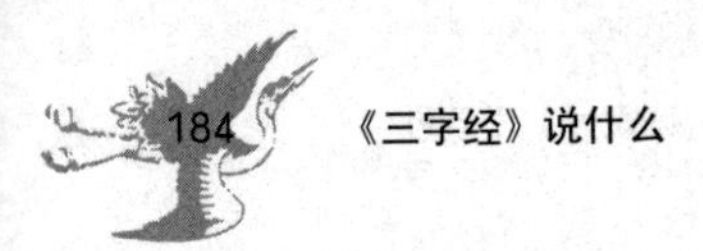

景。也正是这种性格，使他能够静下心来认真学习、深入思考。

第二，赵普治学讲究方法。笔者虽然没有查到更多关于赵普治学的具体方法，但是从《三字经》这简单的几个字中，我们可以发现其中奥秘。

首先是勤奋坚持，“一门深入，长时熏修”。从童蒙时期，到身居高位，一直勤学不息，而且读的总是那“半部《论语》”。这跟一般人的学习态度就不一样。很多人喜欢博览群书，却又不求甚解，更不要说灵活运用了。看上去很有学问，实际上并无智慧。赵普就不一样，几十年坚持读“半部《论语》”，一定是把所学的内容烂熟于心的。只有对所学内容滚瓜烂熟了，运用起来才可能得心应手。

其次是学以致用。我们看现在很多做学问的人，总是喜欢钻故纸堆，却不愿意关注现实问题。而相关方面衡量学术水平的高低，也以发表论文的数量和级别为标准。至于学术成果的运用，似乎跟学者和学术成果并不相关，这就导致学用脱节。当然，现在一些科技类的学术部门或者院校，也比较重视“产学研相结合”，在一定程度上解决了学用脱节的问题，但是，在社科领域则仍然是一个大问题。比如当今时代提倡弘扬传统文化，在很大程度上，仍然是停留在学术讨论或者讲堂宣讲上，真正用传统文化解决实际问题，仍然有很大的距离。赵普仅仅用“半部《论语》”就能够“治天下”，并非我们想象的那样靠发表文章和演讲就能达到的。那么他是怎样实现的呢？我想，首先是他用《论语》之“文”“化”了自己，从思想观念到举止修养，都尽量达到《论语》的要求；其次是灵活运用《论语》智慧去“化”君王、“化”天下，赢得君心民心，直接让《论语》产生出“社会效益”，他也因此而建功立业。

由此可见，我们学习赵普，不仅要学习他的勤奋精神，而且要学习他学以致用的治学方法。

82. 披蒲编，削竹简。彼无书，且知勉。头悬梁，锥刺股。彼不教，自勤苦。如囊萤，如映雪。家虽贫，学不辍。如负薪，如挂角。身虽劳，犹苦卓。

【译文】古人把文字抄写在蒲草、竹片上，他们没有书，尚且知道勤勉学习。又有人把头发拴在房梁上、用锥子刺大腿，激励自己勤奋刻苦学习。还有人借萤火虫和积雪的光来读书。虽然家境贫寒，学习却不耽误。甚至有人肩上担着柴薪手上拿着书读，放牛的时候，把书挂在牛角上读。他们身体虽然劳累，却仍然刻苦学习。

【解读】这是一组古人在艰苦条件下读书学习的故事。

西汉时期，钜鹿（今河北南部）有一个叫路温舒的人，家里十分贫穷，父亲没钱让他读书，只好让他给人家放羊。失去学习的机会，路温舒虽然很难受，但他并没有因此而放弃学习。他向别人借书，可这样不方便。有一天他放羊的时候，发现河边有一种叶子很宽的蒲草，便摘来编成一张席子，然后把借来的书抄下来。他从中得到了不少的知识。后来，路温舒靠自学成了一个有学问的人，做了朝廷的大官。公孙弘早年也是家境贫寒，买不起书，他便在自己牧猪的竹林中砍伐竹子削成竹简，将内容抄于竹简上。由于他勤勉学习，后来成为西汉建立以来第一位以丞相封侯的人，为西汉后来“以丞相褒侯”开创了先例。他在职期间，广招贤士，关注民生，并为儒学的推广作出了不可替代的贡献。曾著有《公孙弘》十篇，现已失佚。东汉的孙敬读书时把自己的头发拴在屋梁上，以免打瞌睡；战国时的名士苏秦读书勤奋，每到疲倦时就用锥子刺大腿。他们二人不用别人督促而自觉勤奋苦读。晋朝人车胤，把萤火虫放在纱袋里当照明读书，孙康则利用积雪的反光来读书。他们两人家境贫苦，却能在艰苦条件下继续求学。汉朝的朱买臣，以砍柴维持生活，每天边担柴边读书；隋朝的李密放牛时把书挂在牛角上，有时间就读。他们在艰苦的环境里仍坚持读书。

从古到今，我们看到很多贫寒人家的孩子，学习都很自觉勤奋。按理说，古人在那么艰难的条件下都能够自觉刻苦地学习，今天我们的生活条件和学习环境改善了，更应该自觉努力地学习才是。但是恰恰相反，一些富家子弟，反而贪玩好耍。尤其是改革开放以后，不论是农村还是城市，一些富裕起来的家庭，因为没有经济的负担和压力，也失去了通过学习改变命运的动力。有的家庭，对孩子娇生惯养，百般溺爱，孩子们过着衣来伸手饭来张口的逍遥日子。更有一些孩子，拿着父母的钱财尽情享受，毫无进取之心，成为新时代的纨绔子弟。再有，现代科技高度发达，学习的工具也越来越先进，比如计算机技术，就给学习带来了极大的方便。以前把文字写在蒲草、竹片上，把书挂在牛角上，现在可以录在手机和播放机上，以前借着萤火虫和雪光读书，现在也大可不必了。可是，更多的人拿着这些高科技的东西干什么呢？不是学习，而是用来玩游戏，用来消磨时间。

所以，学习这桩事情，外在条件当然是必要的，但是更为重要的，还是人的内在动力。也许家境贫寒的人，有一种动力是想通过学习来改变环境，但是如果仅仅是这样，还是不够的。比如现代人也有引导青少年通过

学习改变现状而当“土豪”的，这种引导显然值得警惕。我们看到古代或者当代一些少年时期勤奋学习后来当官做吏的人，最后也因违法犯罪而身陷囹圄，就是因为学习的动机和动力存在问题。所以在励志教育中，不应忽视正确价值观的教育。

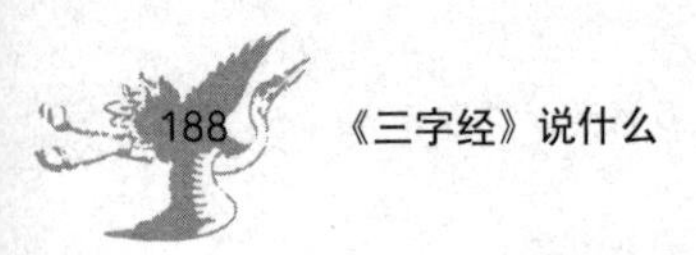

83. 苏老泉，二十七。始发愤，读书籍。彼既老，犹悔迟。尔小生，宜早思。若梁灏，八十二。对大廷，魁多士。彼既成，众称异。尔小生，宜立志。

【译文】唐宋八大家之一的苏洵，号老泉，到了二十七岁的时候，才发愤读书。苏老泉年岁大了才后悔当初没好好读书，你们年纪轻轻，就应该趁早考虑读书大事。宋朝的梁灏，在八十二岁时才考中状元，在金殿上回答皇帝提出的问题镇定自若，所有参加考试的人都不如他。梁灏这么大年纪，都能获得成功，让大家感到惊异，你们年轻小生，更应该立定志向。

【解读】这里提到的苏老泉、梁灏，跟前面的路温舒、公孙弘、孙敬、李密等，都是学有所成的名人。路温舒他们是克服艰苦环境的制约，通过刻苦努力获得成功的。苏老泉、梁灏则是错过了学习的最佳时期，幡然悔悟，通过奋发努力的大器晚成者。

现在很多家庭都比较重视早期教育，常常说一句话叫“不能让孩子输在起跑线上”。对孩子的学习成长比较重视，而自己却常常不重视学习，总是把希望寄托在孩子身上，希望让孩子来实现自己年轻时候没有实现的梦想。而当自己的希望落空的时候，又总是责怪孩子不听话不成器。这一段文字，当然主要是激励小孩子要抓紧时间发愤学习的，但是否对于成年

人也有一些作用呢？

学习当然有一个关键期的原理，就是在年龄比较小的时候，一般记忆能力比较强，学习效果比较好，所以要抓紧。但是不是年龄大了就一定不行了呢？苏老泉、梁灏的例子打消了这种顾虑。我们知道有一句谚语叫“活到老学到老”，现在有一句话叫“终身学习”。尤其是现代社会，是一个知识爆炸、信息爆炸的时代，如果你想跟上时代的步伐，那就一刻也不能停止学习。

其实，学习不只是成长的需要，更是生存、生活的需要。不同的年龄阶段，有不同的学习内容。年幼的时候学习起码的洒扫应对，学习基本的生活自理能力；年长后，渐渐学习照顾家人的基本技能，学习适应社会的能力，还要学习一些养家糊口的谋生技能和待人处事的伦理规范。以上这些是最起码、最基本的学习内容。在这个基础上，可以根据各自的兴趣爱好、天资条件，学习一些才艺、一些专业学问。

不论是在哪个年龄阶段，都可以根据那个年龄阶段的实际需要和年龄特点，选择合适的学习内容。比如为人父母者，虽然已经不在正规学校读书，但是，可以从古圣先贤的经典里面学习教育子女、和睦家庭的智慧，学习养生保健的智慧。因为在现行义务教育课程中，很少有这方面的专题内容，而这些内容恰恰又是生活中所必需的。到了老年时期，学习防病治病知识，甚至关于死亡的知识，也是非常重要的。因为，在流行和正规的知识体系中，很少谈到比较深层次的生命哲学和科学问题。尤其是面临死亡的时刻，由于没有这方面的知识和心理准备，很多老年人身心非常痛苦，而他们的痛苦又影响更多人，大家都难以快乐。如果在接近老年的时期，甚至从小就能学习一些生命科学知识和生死哲学理论，或许可以减少很多精神上的迷茫和痛苦。

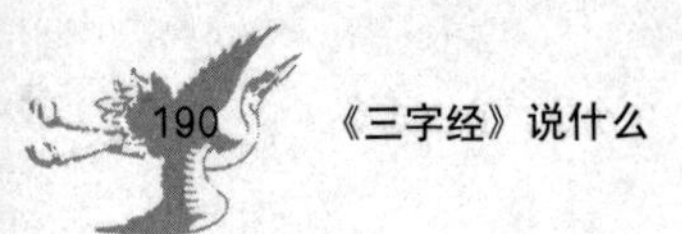

这一段经文主要是鼓励孩子尽早立下读书的志向。现在人们读书的志向可以说是五花八门，这也正常。但是个人还是希望像《朱子治家格言》说的，“读书志在圣贤”的人能够多一些。

84. 莹八岁，能咏诗。泌七岁，能赋棋。彼颖悟，人称奇。尔幼学，当效之。

【译文】祖莹八岁就能吟诗。李泌七岁时就能以下棋为题而作赋。他们两个人的聪明和才智，在当时令人称奇。你们正是求学的开始，应该效法他们。

【解读】这里举出两位少年聪颖好学的例子来激励学生努力学习。

祖莹，字元珍，范阳遒县（今河北涞水县）人。他八岁的时候能够背诵《诗》《书》。据《魏书》记载，祖莹常常夜以继日地读书，父母怕他累坏身体，多次阻止他夜里看书，但他还是坚持。一天，父母把家里的灯盏、烛台都藏了起来，祖莹就悄悄地把火拣在小炉子里，然后盖上一层薄薄的灰，一到夜晚，他拨开灰层，将炭吹红，再用衣服、被子把窗户遮上，不让光线透出去。就这样刻苦攻读，博览群书。为了学到更多的知识，他又拜当时的中书博士张天龙为师，学习《尚书》。祖莹投师后，学习更加刻苦用功。有一次，老师清早就要给同学们讲《尚书》，祖莹由于读了一夜没有睡觉，迷迷糊糊地把另一个同学的一本《曲礼》当作《尚书》拿去上课，到了课堂才发现自己拿错了书，又不敢回去换书，只好硬着头皮听讲。这堂课刚好老师叫他读《尚书》。由于祖莹平时非常努力，早就会背《尚书》了，他虽然没带课本，照样准确地把《尚书》背诵了三篇。北魏当政人物很注意这个远近闻名的“圣小儿”，就选拔

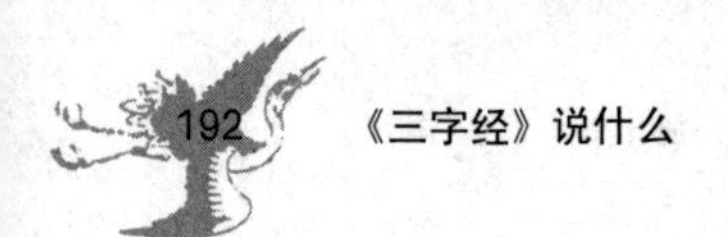

他去做“中书学生”。这使祖莹获得了更好的学习环境，加上他刻苦不懈地攻读，长大后终于成为一个很有知识的学者，很受当时皇帝的赏识，被任命为太学博士、殿中尚书、车骑大将军，并有文集流传于世。

李泌（722年—789年），字长源，京兆（今陕西西安）人，唐朝政治家，玄、肃、代、德四朝元老。其代表作品有《养和篇》《明心论》等。李泌幼年便有神童的称誉，小小年纪已粗通儒、佛、道三家的学识。在唐玄宗（明皇）政治最清明的开元时期，他只有七岁，已经受到玄宗与名相张说、张九龄的欣赏。李泌到了成年的时期，非常博学，而且对《易经》的学问，更有心得。他经常寻访于嵩山、华山、终南山等名山之间，请教高僧大德。唐代传奇小说集《甘泽谣》记载了关于他的一件奇事：有一天晚上，他在山寺里，听到一个和尚念经的声音，悲凉委婉而有遗世之响，他认为是一位有道的再来人。打听到那是一个做苦工的老僧，叫懒残。在一个寒冬深夜，李泌独自一人偷偷去找他，正碰到懒残用捡来的干牛粪生火烤芋头。这个和尚在火堆旁缩做一团。李泌看了，一声不响，跪在他的旁边。懒残也像没有看见他似的，一面在牛粪中捡起烤熟了的芋头，张口就吃。一面又自言自语地骂李泌是不安好心，要来偷他的东西，边骂边吃。一会儿忽然转过脸来，把吃过的半个芋头递给李泌。李泌很恭敬地接着，规规矩矩地吃了下去。懒残看他吃完了半个芋头便说：“好！好！你不必多说了，看你很诚心的，许你将来做十年的太平宰相吧！”

少年聪颖的事例，古今都有。但是，有不少少年聪颖者多少都有些轻狂之态。尤其是当今的少年，稍有成绩就被捧上了天，导致他们不知天高地厚，结果他们的聪慧往往不能维持长久，还养成了骄横的习气，给后来的人生之路埋下隐患。从祖莹、李泌身上我们看到，他们的聪颖，除了先天因素外，更多是来自自己的勤奋好学和恭敬之心。现代家庭常常把聪明

才智看得很重要，然而聪明才智需要通过主动而勤奋的学习来获得。一个人要想学到真本事，还离不开对学问、对老师的恭敬心。相对于李泌以及历史上为圮上老人拾鞋的张良等人，现在人的恭敬心差得实在太远。人的恭敬心丧失了，不论是做事、做学问，还是做人、做官，都难以获得真正的成功。

85. 蔡文姬，能辨琴。谢道韫，能咏吟。彼女子，且聪敏。尔男子，当自警。

【译文】蔡文姬能分辨琴声好坏，谢道韫能出口成诗。她们女孩子尚且如此聪慧；身为一个男子汉，更要时时警惕，充实自己才对。

【解读】这里举出两位出色的女子来激励男同学。

蔡琰，字文姬，东汉陈留圉人，东汉大文学家蔡邕的女儿，博学多才而又精通音律。初嫁于卫仲道，丈夫死去后回到自己家里，后匈奴入侵，蔡琰被匈奴左贤王掳走，嫁给匈奴人，并生育了两个儿子。十二年后，曹操统一北方，用重金将蔡琰赎回，并将其嫁给董祀。蔡琰同时擅长文学、音乐、书法。《隋书·经籍志》著录有《蔡文姬集》一卷，但已失传。现在能看到的蔡文姬作品只有《悲愤诗》二首和《胡笳十八拍》。蔡琰九岁时，父亲蔡邕夜间弹琴，突然断了一根弦，蔡琰说："是第二根弦断了。"蔡邕说："你这不过是偶然说中罢了。"于是故意弄断一根问她，蔡琰说是第四根。文姬辨琴的故事于是流传开来。

谢道韫，字令姜，东晋人，是宰相谢安的侄女，安西将军谢奕的女儿，也是著名书法家王羲之的儿子王凝之的妻子。关于谢道韫最著名的故事，记载在《世说新语》中：谢安在一个雪天和子侄们讨论可用何物比喻飞雪，谢安的侄子谢朗说道："撒盐空中差可拟。"谢道韫则说："未若柳絮因风起。"因其比喻精妙而受到众人的称许。也因为这个故事，她与汉代的班昭、蔡琰等人成为中国古代才女的代表人物，而"咏絮之才"

也成为后来人称许有文才的女性的常用词语。

不论是古代还是当今，总有一些男性对于女性抱有轻视态度。针对这种心态，这里就举出两位才女来激励男同学。

其实，不论是才艺还是德行，都是没有性别差异的，只是各自体现出来的风格特点有所不同而已。就一般情况而言，男性属于阳刚气质，其行为举止乃至所创造出来的作品，通常表现出粗犷豪放的风格；女性属于阴柔气质，则往往表现出细腻温柔的风格，都能给人以美感。从蔡文姬辨琴的典故中，我们看出，蔡文姬之所以能够准确辨琴，正与她细腻入微的女性特征相关，如果是一个粗心大意的人，就很难做出这样的判断。谢道韫咏絮的典故，则表现了女性观察能力和联想能力方面的特点。谢朗说“撒盐空中差可拟”，从中我们看出此人观察比较粗疏，也缺少一些美感，因为谢朗是男性嘛，总是粗犷一些。而“未若柳絮因风起”，正好体现出女性温柔飘逸的感觉，跟所要描写的场景正好契合，所以博得众人的称许。才艺上如此，其他方面也不例外，所以不论是在家庭生活中，还是在社会事务上，男女都可以发挥出应有的特长和作用，只要善于把握和运用其特点，就能给个人、家庭和社会带来好处。

此外，蔡文姬辨琴的典故中，还蕴藏着一种深层的奥秘：当一个人的心境非常清净、意念非常专注的时候，可以实现“六根互用”，就是人的眼、耳、鼻、舌、身、意六种器官，可以“通用”。琴弦是否断掉，一般是通过眼睛判断的，但是蔡文姬却通过耳朵判断出来了。事实上，这种实例大量存在，比如一些技术非常高明的汽车修理工，就能通过发动机的声响判断出哪个部位的线路出现了问题；一些医术非常高明的中医师，看看人的气色就能判断出患者内脏什么地方出现了问题。所以，《三字经》前面说到“学之道，贵以专”，做学问做事情，专心专注都是非常重要的一种心理素质，也是一种能力。

86. 唐刘晏，方七岁。举神童，作正字。彼虽幼，身已仕。有为者，亦若是。

【译文】唐朝的刘晏，才七岁就被推举为神童，并且做了负责刊正文字的官。他虽然年纪这么小，却已经做了官。有作为的人，也可以和刘晏一样名扬后世。

【解读】刘晏，是唐代著名的经济改革家和理财家。字士安，曹州南华（今东明县）人。刘晏自幼天资颖悟，少年时期十分勤学，才华横溢、名噪当时，七岁举“神童”，八岁时唐玄宗封泰山，因献《颂》，得唐玄宗召见。玄宗对其大加赞赏，授秘书省太子正字。历任吏部尚书同平章事、领度支、铸钱、盐铁等使，实施了一系列的财政改革措施，为安史之乱后的唐朝经济发展做出了重要的贡献。

前面讲到祖莹、李泌年幼聪明好学的事例，这里讲到的刘晏，不仅年幼聪明好学，而且小小年纪就做了官。用这样的事例来激发学生的学习热情。

学生学习的志向、动力是相当重要的。一个没有志向的人，绝对不可能有强大的学习动力；而一个人没有学习的动力，就很难取得理想的学习效果。举刘晏的例子，就是把当官作为一种志向，用这样的志向来激发学生的学习动力。

如今，价值追求多元化，较之古代读书人的选择面似乎要宽泛许多。从政、从艺、从教、从医、从商，等等，都成为当今读书人的志向目标。

但是，从古至今，跟人们的生存、生活密切相关的工、农，似乎很少被读书人视为目标和志向。

透过人们的志向和目标，也能看出一个时代的风气。不管是从事什么行业，现在似乎都有一个共同的导向，就是名、利、权。实际上，如果把这三样东西紧紧地跟德联系在一起，倒也蛮好，倘若分离了，就容易出问题。从媒体报道的诸多案例和现实当中，我们都不难发现，很多追名逐利、争权夺势的人，最后都没有好下场。即使是古代这位才华横溢、功勋卓著的刘晏，最终也是因谗臣当道，被敕自尽的，实在令人惋惜！至于那些被名利、权势蒙蔽了心志，丧失了道德人性的读书人，其结局的悲惨，虽然是罪有应得，也是可怜可叹的！现在不少家长都是这样鼓励孩子：你只要努力学习，考上名牌大学，就能找到好工作，当上大官，或者大老板、大明星，就能挣到大钱，住上大别墅，开上豪华车。孩子从小有了这种追名逐利、贪图享乐的价值观，将来就可能做出种种危险的事情。能够守住法律底线，不因违法犯罪身陷囹圄就算不错，若要指望他利人利国，就很困难了。如果占据关键岗位和居于社会上层的人都有这种自私自利的价值观，那这个社会、这个国家和民族就相当危险了。

中国古代虽然有“万般皆下品，唯有读书高”的说法，但这种说法并无害处。因为那时候读书人所读的是圣贤书，“读书志在圣贤”。而且，中国古代有耕读并重的传统，所以，读书跟从事其他行业并无明显的对立，各行各业都需要读书，而且他们读的书都是教人崇德向善的。不管读书人将来从事什么行业，都可以成为圣贤，即使是在地里耕种的农民也不例外。孔子七十二个贤人弟子当中，就有从事各种行业的人。当官从政，也可以成为圣贤官吏，而且，古代对于官吏道德品质的要求，是相当高的，因为朝廷主张选贤任能。那些历史上的盛世，可以说就是统治者推行圣贤政治的结果。如今一些高学历的人之所以犯罪，就是因为他们读的圣贤书太少，甚至还可能读了一些邪书。

所以，家长和老师在激励学生的学习积极性、主动性的时候，最好能够像古人那样，把成圣成贤作为他们读书的最高目标，这样或许就能确保他们一生平安。

87. 犬守夜，鸡司晨。苟不学，曷为人。蚕吐丝，蜂酿蜜。人不学，不如物。幼而学，壮而行。上致君，下泽民。扬名声，显父母。光于前，裕于后。

【译文】狗在夜间会替人看守家门，鸡在早晨会为人们报晓，人如果不能用心学习，有什么资格称为人呢。蚕可以吐丝，蜜蜂可以酿蜜。而人要是不学习，就连小动物都不如。我们要在幼年时努力学习，长大后学以致用，上替国家效力，下为人民谋福。这样才会得到人民的赞扬，父母也会因为你而感到荣耀，不仅为祖先增光，而且为后代树立起了好榜样。

【解读】前面列举了圣贤人、大官吏、贫苦人、女子、老人、幼童勤学有成的事例来激励孩子学习，用以说明学习是不分名声显微、地位高低、环境好坏、性别差异、年龄大小的，所有人都应该学习，且都能够学好。接下来又举出小动物来激励孩子的自尊心和进取心。这一段从动物的角度来激发人的自尊心，重点是从价值层面来启发人心。即使是被我们当作低等动物的狗、鸡、蚕、蜂，都在创造价值，都在为别人做奉献，作为人，自然不能无所作为。否则，不仅不能称其为人，甚至连动物都不如。所以学习必须要有一种正确的价值导向。

我们来看看现代社会，随着经济的发展、物质的丰富，一些被称为富二代、官二代的孩子，仗着家里条件优越，逐渐养成了一种“四体不勤、五谷不分”“饭来张口、衣来伸手”的懒惰习惯；不但自己不愿意劳动创造，而且瞧不起劳动人民；不仅不愿意奉献和付出，而且物质欲望越来越强烈，得不到满足就牢骚满腹，甚至巧取豪夺，实在是令人忧虑。

更加让人忧虑的是，一段时期以来，相当一部分人的价值观念，并不是奉献，而是占有甚至攫取。一些学校教给学生的，不是服务人民的本领，而是投机钻营的技巧。衡量一个人成功与否的判断标准，不是看他为社会、为国家、为人民作出了多大贡献、多少奉献，为祖先争得多大的荣光，而是看他有多少亿元的“身价”。甚而至于，衡量一个单位、一个企业、一级政府的成绩、政绩，也往往是看其“创造”了多少“财富”，哪怕是教育、文化单位，也会以其“产业”价值大小来衡量。至于教育对象实质上得到了什么，“文化产品”对受众产生了什么样的影响，既不便于用数字来衡量，也难以给出定性的评价，所以就被忽略了。

但是，只要我们细心观察，就会发现，这种不以奉献指数而以占有甚至攫取指数作为衡量指标的导向，引来了诸多问题。比如教育，学校为了升学率、学生为了分数，把大量的时间和精力用在了书本知识的记忆和卷面问题的解答上，学生的德行、体能、生存及生活能力，都没有得到及时的培养和训练，导致相当一部分人出现高分低能现象，不仅让学生自己深感痛苦，也让家长苦闷不堪；又如“文化产品”，一段时期以来，一些小说故事、影视作品、网络游戏、新闻报道等，大肆宣扬矛盾纠纷乃至暴力色情，传播怪力乱神，虽然换来了一定的“经济效益”，却污染了人类心灵，导致人心混乱，社会问题层出不穷；再如投资，商家本着逐利的本性，往往只考虑短期的利益最大化，而忽视了其投资项目所造成的长远影响，比如投资项目对环境的污染，对自然的破坏，对

农田的侵蚀，对资源的透支。政府部门如果不能明辨利弊，不能着眼长远，就有可能被误导，作出错误的决策。虽然短时间看到了“政绩”，但是“政绩”背后的隐患，却可能要花成倍的代价来弥补，甚至永远无法弥补！

88. 人遗子，金满籝。我教子，唯一经。勤有功，戏无益。戒之哉，宜勉力。

【译文】别人留给子孙后代的是满箱的金银财宝，而我只是用一部经典教育我的孩子们。凡是勤奋上进的人，都会有成果，而只顾游戏玩乐，则并无益处。所以要引以为戒，应勉励自己不懈努力。

【解读】爱护子女，是人的天性。但是怎样爱才是真正有益于子孙后代的呢？《三字经》最后告诉读者的，就是一种爱护子孙后代的智慧。

社会中有相当一部分人，都想给子孙后代积累和留下足够的钱财，以便他们将来衣食无忧。这种心情完全可以理解。但是，无数的事实证明，这种主观愿望不一定能够达到理想的效果。

按照传统文化的观点，一个人的福报是有定数的，父母留给子孙后代的财产，如果是子孙后代应该享受的福报，你不给他留，他也能够通过自己的努力挣到。如果是通过他自己的努力去争取，他可以从中体验到财富的来之不易，从而养成节俭的良好习惯，同时也锻炼了他的生存与生活的能力，还可以增强他的抗挫折能力；如果是父母给他准备好了，他可能就不会再去努力奋斗，而只是躺在你留给他的财富上坐吃山空，一旦享受完了，再让他自己去创造财富，他就会感到困难，因为他已经丧失了勤劳的基本品质，丧失了较强的劳动能力。一个人一旦养成好逸恶劳的恶习，就非常危险。他的欲望被激发起来以后，如果得不到满足，他就会很难受，

可能因此而发怒。如果他没有足够的能力或意愿通过自己的努力去争取财富满足欲望，而又无法控制自己，他就可能铤而走险，做出种种让父辈灵魂都不得安宁的事情来。所以，从这个角度来看，单纯地留给子孙财富，的确不是明智之举。

很多父母留给子女财富，本意是想对后代子孙好一点，老了能够得到他们更好的照顾。但是现实生活中我们还看到这样一种情况：一些多子女家庭，父母没有什么财富积累倒也罢了，倘若集聚了很多的财富，子女们如果不懂得谦让，不明了事理，往往就会因为钱财的分配问题而产生矛盾和纠纷。有不少的富翁，辛辛苦苦一辈子，积累了不少财富，晚年却为财产的分配而伤透了脑筋。一些不肖子孙，眼睛只盯着父母的钱财，而对父母的内心感受漠然无知，有的家庭甚至出现老人尸骨未寒，子女就开始为争夺遗产而互相争斗的悲剧。所以，《三字经》作者特意提出，应该在教育子女上多下点功夫。尤其要用优秀的传世经典来教育子女，让他们养成勤俭节约、勤奋好学的良好习惯。这里写的是“我教子，唯一经”，而不是“我遗子，唯一经”，就是强调要用经典教育子孙，而不是仅仅把经书遗留给他们而已。因为，你把钱财给他，他会拿去花掉；把经书留给他，他却不一定去阅读，更不一定去落实。

写到这里，又想到了司马光家训里面的一句话：“积金以遗子孙，子孙未必能守。积书以遗子孙，子孙未必能读。不如积阴德于冥冥之中，以为子孙长久之计。”意思是：把金银财宝留给子孙，他们未必能守住；把书传给他们，他们也未必能读；不如布施行善，多积阴德，这样子孙才能长久地受到我们护佑。作为长辈，多为子孙积功累德，是明智之举；而作为晚辈，则要永远铭记父母养育自己、爱护自己的大恩大德，自立自强，永不懈怠！

本书观点摘录

◎中华文化是人本文化，《三字经》作为传统蒙学读物，既是教孩子的，也是教家长和老师的。《三字经》正文的第一个字就是“人”，这就告诉家长和老师，首先要教孩子认识“人”，而不是认识小花猫、小蝴蝶之类的；不仅仅是认识“人”这个字，而且要认识人的本性，要提醒孩子防止人的本性的丧失。

◎教育孩子能否成功，方法固然重要，但道义更为根本，所以《三字经》里讲的是有“义”方而不是有“巧”方。

◎中国传统教育观念，是圣贤教育的理念，是希望把人都教育成明白真理、知书达礼、谦恭有礼的圣贤君子，希望人人快乐幸福，家家和谐美满，处处友善和平；现代西方教育观念，是科学教育的理念，是希望把人教育成个性鲜明、特长突出、贡献卓著的英雄豪杰，希望人人光彩夺目，家家丰富多彩，处处生龙活虎。客观公正地说，两种教育观念和教育目标各有优长，也各有缺陷，就看自己怎样选择了。

◎“天、地、人”三才之道和“天人合一”的哲学观念早已融入中华民族的血液，贯穿于中华民族的生活。中华民族乐于与天地合一、与自然和谐的精神，以及对天地与自然的敬畏之心，对于促进个人身心和谐、人类社会和谐、人与自然和谐，对于我们建设物质文明、政治文明、精神文明、社会文明、生态文明，对于实现民族复兴中国梦，以及促进世界和平发展，创造人类的美好未来，都有不可限量的实际作用，值得重视。

◎仁、义、礼、智、信，绝不是空洞的教条，也不是封建糟粕，而是关系到个人身心安稳、家庭和睦幸福、社会和谐稳定、国家繁荣富强、世界安定和平的根基所在。这种恒常不变的理念、规则，不仅适合于古代，也适合于当今，不仅对中国有用，同样对世界有益。

◎草木是地球的皮肤，也是人类以及其他动物赖以生存的不可或缺的资源。有人总说“草木无情”，却忘记了正是草木养育和呵护了我们的生命！让我们放下邪见与贪婪，以无比感恩和敬畏的心情对待地球上的一草一木吧！

◎地球是人类与动物共有的家园，生物多样性的存在为人类提供了适合生存的空间。但是，由于人类的破坏和栖息地的丧失等因素，地球上濒临灭绝生物的比例正在以惊人的速度增长。生物多样性的平衡遭到破坏，也是引发自然灾害的原因之一，所以保护动物如今成了全球性的号召。但是仅仅号召别人没有用处，从自己做起最为现实。如果不知道如何去做，至少可以拒绝食用野生动物。

◎中国传统教育向来重视人的心灵塑造，这种心灵塑造不仅仅是给人讲大道理，而且细致到对人的情绪乃至念头的调控。这样的教育，不仅让人减少了很多不必要的烦恼，使人体验到了平和宁静乃至超越常情的愉悦，而且营造了和睦和谐的人际关系，给家庭和社会乃至世界和平作出了无声的奉献。

◎从夏朝这段历史我们看出，太康、后羿、夏桀都是因为只顾享乐、荒淫无道而导致国破家亡的。不管是怎样的制度，只要违背规律，不合民心，都不能确保统治者地位稳固。

◎从汉朝历史，我们看到，一个国家的治乱兴衰，跟统治者的德能修养和全社会的文化教育关系最为密切。当今民族复兴中国梦的实现，也有赖于政治清明和文化振兴。

◎人的心就好比是一只鸟一样，总要有一个栖息之所，否则，他就只

好一直在空中奋力飞行，当飞得筋疲力尽的时候，就会因为劳累而坠落摔死。若能静静地栖息于舒适的场所，就能享受到足够的幸福。现代人很少感受到幸福，是不是现代人没有栖息之所了呢？不是没有，而是太多了，似乎处处都有吸引力，于是在众多的栖息所之间来回奔波，最后也是累得筋疲力尽，甚至连真正的家都找不到了。回到经典，回到古人的智慧中去，从诵读圣贤经典开始，找回自己心灵的栖息之所，感受一份“读书志在圣贤”的高洁，享受一份“口诵心惟”的恬淡与从容吧！